GUILLAUME TELL

SUIVI

DE ÉLIÉZER.

PARIS,

Grimprelle, libraire, rue Poissonnière, nº 21.

NANTES.—Suireau, libraire, Place Royale.

SENS.—Thomas Malvin, libraire.

ANGOULÊME. — Perrez-Leclerc, libraire, place du Marché, nº 15.

IMPRIMERIE DE MARCHAND DU BRECIL.
rue de la Harpe, nº 90.

GUILLAUME TELL

SUIVI

DE ÉLIÉZER.

PAR FLORIAN.

ORUVRES POSTHUMES.

Paris.

A. HIARD, LIBRAIRE-ÉDITEUR

de la Bibliothèque des Amis des Lettres,

RUE SAINT-JACQUES, N° 156.

—

1831.

GUILLAUME TELL.

GUILLAUME TELL,

ou

LA SUISSE LIBRE.

LIVRE PREMIER.

Amis de la liberté, cœurs magnanimes, âmes tendres, vous qui savez mourir pour votre indépendance, et qui ne voulez vivre que pour vos frères, prêtez l'oreille à mes accens. Venez entendre comment un seul homme né dans un pays sauvage, au milieu d'un peuple courbé sous la verge d'un oppresseur, parvint par son courage à relever ce peuple abattu, à lui donner un nouvel être, à l'instruire enfin de ses droits ; droits sacrés, inaliénables, que la nature avait révélés, mais dont l'ignorance et le despotisme firent si long-temps un secret. Cet homme, fils de la nature, proclama les lois de sa mère, s'arma pour les soutenir, réveilla ses compatriotes endormis sous le poids des fers, mit dans leurs mains le soc des charrues changé par lui en glaive des héros, vainquit, dispersa les cohortes que lui opposaient les tyrans, et, dans un siècle barbare, dans des rochers presque inhabitables, sut fonder une retraite à ces deux filles du ciel, consolatrices de la terre, à la raison, à la vertu.

Je ne t'invoque point aujourd'hui, ô divine poésie, toi que j'adorai dès l'enfance, toi dont les mensonges brillans firent ma félicité. Garde tes pinceaux enchanteurs pour les héros dont les images ont besoin d'être embellies. Tes ornemens dépareraient celui que je veux célébrer, tes guirlandes ne conviendraient point à son visage sévère; son regard serein, mais terrible, s'adoucirait trop devant toi. Crains de toucher à sa pompe agreste, laisse-lui son habit de bure, laisse-lui son arc de cormier; qu'il marche seul à travers les rocs, sur le bord des torrens bleuâtres. Suis-le de loin en le regrettant, et jette, d'une main timide, dans les sentiers qu'il a parcourus, les fleurs sauvages de l'églantier.

Au milieu de l'antique Helvétie, dans ce pays si renommé par la valeur de ses habitans, trois cantons, dont l'enceinte étroite est fermée de toutes parts de rochers inaccessibles, avaient conservé ces mœurs simples que le créateur du monde donna d'abord à tous les humains pour les défendre contre le vice. Le travail, la frugalité, la bonne foi, la pudeur, toutes les vertus poursuivies par les conquérans, les rois de la terre, vinrent se cacher derrière ces montagnes. Elles y furent long-temps inconnues, et ne se plaignirent point de leur heureuse obscurité. La liberté vint à son tour s'asseoir sur le haut de ces roches ; et, depuis ce jour fortuné, le vrai sage, le vrai héros, ne prononce qu'avec respect les noms d'Uri, de Schwitz, d'Underwald.

Les habitans de ces trois contrées, sans cesse occupés des travaux champêtres, échappèrent pendant plusieurs siècles aux crimes, aux malheurs produits par l'ambition, par les querelles, par le coupable délire de ces nombreux chefs de barbares qui, sur les ruines de l'empire romain, fondèrent une foule d'états, usurpèrent les droits des hommes, gouvernèrent par un code horrible, rédigé par l'ignorance en faveur de la tyrannie et de la superstition. Oubliés, méprisés peut-être par ces dévastateurs du monde, les laboureurs, les pâtres d'Uri, faiblement soumis aux nouveaux Césars, portèrent du moins encore le nom consolant de libres. Ils gardèrent leurs anciennes lois, leurs coutumes, leurs austères mœurs. Tranquilles, maîtres souverains dans leurs paisibles chaumières, les pères de famille vieillissaient en paix, environnés d'amour, de respect. Leurs enfans, ignorans du mal, craignant Dieu, redoutant leur père, ne connaissaient d'autre bonheur, d'autre désir, d'autre espérance, que de ressembler à l'homme de bien dont ils avaient reçu le jour ; lui obéir et l'imiter formaient le cercle de leur vie. Ce peuple simple et vertueux, presque ignoré de l'univers, resté seul avec la nature, protégé par sa pauvreté, continuait d'être bon, et pourtant n'était point puni.

Non loin d'Altorff, leur capitale, sur le rivage du lac qui donne à la ville son nom, s'élève une haute montagne, d'où le voyageur, fatigué d'une longue et pénible marche, découvre une foule de vallées, ceintes inégalement par des monts et par des rochers. Des ruisseaux, des torrens rapides, tantôt tombant en cascades et bondissant à travers les rocs, tantôt serpentant dans un lit de mousse, descendent ou se précipitent, arrivent dans les vallons, se mêlent, confondent leurs eaux, arrosent de longues prairies couvertes de troupeaux immenses, et vont se jeter dans les lacs limpides où les taureaux viennent se laver.

Sur la cime de cette montagne était une pauvre chaumière, environnée d'un modique champ, d'un plant de vignes, d'un verger. Un labou-

reur, un héros, qui s'ignorait encore lui-même,
qui ne connaissait de son cœur que son amour
pour son pays, Guillaume Tell, à peine à
vingt ans, reçut de son père cet héritage. Mon
fils, lui dit le vieillard mourant, j'ai travaillé,
j'ai vécu. Soixante hivers se sont écoulés dans
cet asile paisible, sans que le vice ait osé fran-
chir le seuil de ma porte, sans qu'une seule de
mes nuits ait été troublée par les remords. Travaille comme moi, mon fils ; comme moi choisis une femme sage, de qui l'amour, la confiance, la douce et patiente amitié double tes
plaisirs innocens, prenne la moitié de tes peines.
Marie-toi, ô mon cher Guillaume ; l'homme
vertueux sans épouse n'est vertueux qu'à demi.
Adieu, modère ta douleur. La mort est facile
pour l'homme de bien. Quand je t'envoyais porter à nos frères les fruits, le pain dont ils man-
quaient, n'avais-tu pas du plaisir à venir me
rendre compte des bonnes actions dont je t'a-
vais chargé? Hé bien, mon ami, je vais rendre
compte à mon père des bonnes actions dont il
me chargea si long-temps. Il me recevra, mon
fils, comme je te recevais. Je t'attendrai près
de lui. Sois bien aux lieux où je te laisse, sois-y
bien tant que tu seras libre ; mais si jamais
un tyran osait porter la moindre atteinte à
notre antique liberté, Guillaume, meurs pour

ton pays, tu verras que la mort est douce.

Ces paroles restèrent gravées dans l'âme sensible de Tell. Après avoir rendu les derniers devoirs au vénérable vieillard, après avoir creusé sa tombe au pied d'un sapin, près de sa maison, il se fit serment à lui-même, et jamais il ne viola ce serment, de se rendre seul, chaque soir, sur cette tombe sacrée, de se rappeler toutes ses actions, toutes ses pensées du jour, et de demander à son père s'il était content de son fils.

O combien il dut de vertus à cette obligation pieuse ! Combien la crainte de rougir, en interrogeant l'ombre paternelle, accoutuma son âme de feu à vaincre, à dompter ses passions ! Maître de ses plus vifs désirs, faisant tourner jusqu'à leur violence au profit de la sagesse, Tell, héritier des biens de son père, s'imposa des travaux plus forts, obtint de la terre une moisson double, que les pauvres venaient partager. Levé dès l'aube matinale, soutenant d'un bras vigoureux l'extrémité d'une charrue que deux taureaux traînaient avec peine, il enfonçait son fer luisant dans un sol semé de cailloux, hâtait ses animaux tardifs de l'aiguillon qu'il tenait à la main, et, le front ruisselant de sueur, ne se reposait, à la fin du jour, que pour plaindre les infortunés qui n'avaient point de charrue. Cette idée l'accompagnait en ramenant ses taureaux, elle ne le quittait point durant son sommeil ; et, le lendemain, dès l'aurore, Tell s'en allait labourer le champ de ses indigens amis ; il l'ensemençait pendant leur absence, il se cachait d'eux, non pour leur ôter le plaisir d'être reconnaissans, mais pour s'épargner à lui-même la pudeur de la bienfaisance exercée envers ses égaux. C'étaient là ses soins, ses délassemens : travailler et faire du bien l'occupait et le reposait.

La nature, en douant Guillaume d'une âme si pure et si belle, avait voulu lui donner encore l'adresse, la force du corps. Il surpassait de toute la tête les plus grands de ses compagnons ; il gravissait les rocs escarpés, franchissait les larges torrens, s'élançait sur les cimes glacées, prenait les chamois à la course. Ses bras pliaient, rompaient le chêne à peine entamé par la hache, ses épaules le portaient entier avec son immense branchage. Les jours de fêtes, au milieu des jeux que célébraient les jeunes archers, Tell, qui n'avait point d'égal dans l'art de lancer les flèches, se voyait forcé de rester oisif, afin que les prix fussent disputés. On le plaçait, malgré son âge, parmi les vieillards assis pour juger. Là, frémissant de cet honneur, immobile, respirant à peine, il

suivait les flèches rapides, applaudissait avec
transport l'archer dont les coups approchaient
du but, et ses bras, élevés sans cesse, semblaient attendre, pour l'embrasser, un rival
digne de lui. Mais, quand les carquois étaient
épuisés sans qu'on eût atteint la colombe, lorsque l'oiseau, fatigué de se débattre inutilement,
se reposait sur le haut du mât, et regardait d'un
œil tranquille ses impuissans ennemis, Guillaume seul se levait, Guillaume prenait son
grand arc, ramassait à terre trois flèches : la
première, frappant le mât, faisait revoler la
colombe ; la seconde coupait le cordon qui retenait son pénible vol, la troisième allait la
chercher jusqu'au milieu de la nue, et la rapportait palpitante aux pieds des juges étonnés.

Sans s'enorgueillir de tant d'avantages, pré-
férant aux plus éclatans succès la plus obscure
des bonnes actions, Tell se reprochait sa lenteur à obéir aux ordres de son père. Tell voulut devenir époux, et la jeune Edmée attira ses
vœux. Edmée était la plus chaste, la plus belle
des filles d'Uri. L'air qui vient avant la lumière
agiter les feuilles des arbrisseaux, la source
qui filtre du roc, et dont chaque goutte brillante réfléchit les premiers rayons, étaient
moins purs que le cœur d'Edmée. La paix, la
douceur, la raison, l'avaient choisie pour leur

sanctuaire. La vertu, qu'elle possédait sans en connaître même le nom, était pour elle l'existence. Son âme n'aurait pas compris que l'on pût cesser d'être sage autrement qu'en cessant de vivre.

. Orpheline et sans fortune, élevée depuis son enfance chez un vieillard, dernier parent de son indigente famille, Edmée gardait les troupeaux de ce vieillard vertueux. Avant que l'aurore vînt éclairer la cime des sombres sapins, Edmée était sur les montagnes, environnée de ses brebis, et faisant tourner le fuseau qui filait l'habit de son bienfaiteur. Elle revenait, avec l'ombre, ranger, disposer la maison, préparer le repas du soir et celui du lendemain, épargner au faible vieillard le souci de rien désirer tandis qu'elle serait absente. Elle se livrait ensuite au sommeil, satisfaite de sa journée, heureuse d'avoir acquitté la douce dette de la reconnaissance, et sûre que le lendemain lui donnerait le même plaisir. .

Tell la connut, il l'aima. Tell n'employa point auprès d'elle ces soins attentifs, cette complaisance, cet art inconnu de son cœur, qui profane souvent l'amour en le mêlant à la finesse, qui sait presser ou retarder l'aveu d'un tendre sentiment. Étranger à cette étude, ignorant que le don de plaire pût être distinct du plaisir d'aimer, Tell ne chercha point l'occasion de voir plus souvent Edmée; il ne la suivit point aux montagnes, il ne l'attendit pas le soir lorsqu'elle ramenait son troupeau. Guillaume, au contraire, pendant son absence, allait visiter son vieux bienfaiteur. Là, dans de longs entretiens où présidaient la franchise, l'épanchement, la vérité, Guillaume écoutait le vieillard, qui se plaisait à parler d'Edmée, rapportait ses moindres actions, répétait toutes ses paroles, rendait compte, les larmes aux yeux, de la patience, de la douceur, de l'inépuisable bonté qui lui rendaient chaque jour cette orpheline plus chère. Ces louanges, qui retentissaient au fond de l'âme de Tell, augmentaient plus son amour que la vue de son amante. Elle arrivait pendant ces récits; et Tell lisait sur son front, dans ses regards, dans son air modeste, tout ce qu'il venait d'entendre. Il osait à peine, en tremblant, lui adresser quelques paroles, la quittait bientôt en baissant les yeux, la saluait avec respect, et se retirait à pas lents dans son asile solitaire, pour s'occuper d'elle mieux qu'en sa présence.

Enfin, après six mois passés, Guillaume, sûr que son amour était une vertu de plus, résolut de le découvrir à celle qui l'avait fait naître. Seul devant elle, il n'eût osé; mais, plus

hardi devant tout le peuple, un jour de fête,
au sortir du temple, il attendit la jeune Edmée. Edmée, lui dit-il, je t'aime, je t'honore
encore plus; j'étais bon, tu m'as fait sensible;
si tu crois être heureuse avec moi, reçois mon
cœur et ma main; viens habiter dans ma maison, viens sur la tombe de mon père m'ensei-
gner les vertus qu'il m'aurait apprises. Edmée
baissa les yeux, rougit pour la première fois.
Bientôt rassurée et tranquille, certaine que ce
qu'elle pensait pouvait et devait être dit : Guillaume, répondit-elle, je te rends grâce de m'a-
voir choisie; satisfaite jusqu'à ce jour de ma
paisible félicité, je sens qu'elle doit s'augmenter
par le droit si doux de te dire que c'est toi que
j'aurais choisi. À ces mots elle lui tend la main,
que le jeune Tell presse dans la sienne, ils se
regardent, et, sans se parler, tous leurs sermens furent prononcés.

Cet hymen fixa le bonheur dans la chaumière
de Tell. Le travail eut pour lui plus de charmes, parce qu'Edmée en recueillait le fruit; le
bien qu'il faisait lui sembla plus doux, parce
qu'Edmée en était instruite. Toujours ensemble, ou ne se quittant que pour se retrouver
bientôt, ils tempéraient, par leur caractère, ami
de la paix, de la réflexion, cette dangereuse
ivresse de l'amour satisfait sans cesse; ils mo-

déraient ses transports par les plaisirs plus du-
rables de l'amitié, de la confiance ; par ce respect mutuel, cette crainte tendre et modeste de
ne devenir jamais assez dignes l'un de l'autre,
cette certitude de rendre leurs âmes plus ver-
tueuses, plus belles, en échangeant toutes leurs
pensées, en confondant tous leurs sentimens.

Un fils vint bientôt serrer leurs liens, et ces
noms si chers de père et de mère furent une
source nouvelle de délices encore inconnues.
Le jeune, le charmant Gemmi fut confié d'abord
à Edmée ; elle voulut être seule chargée des
soins de sa première enfance ; mais aussitôt
qu'il eut atteint sa sixième année, Guillaume
ne le quitta plus. Il le conduisait avec lui dans
les champs, dans les pâturages; lui montrait la
terre couverte d'épis, les montagnes, les eaux,
les forêts, et, ramenant ses yeux vers le ciel,
il lui faisait prononcer avec crainte le nom su-
blime de Dieu ; il lui disait que ce Dieu, juge
et témoin de toutes nos pensées, ne demandait
à l'homme que d'être bon pour le rendre à jamais heureux. Chaque matin et chaque soir il
lui répétait ce précepte, lui expliquait par son
exemple ce que c'est que d'être bon ; mais,
sans égard pour la faiblesse, pour l'âge du timide enfant, il le conduisait dans les neiges, le
faisait gravir sur les glaces, exerçait ses jeunes

mains à soulever le joug des taureaux, à caresser sans effroi ces animaux redoutables, à les lier à la charrue et la conduire avec lui.

Ce même enfant, grave, réfléchi, lorsqu'il travaille ou qu'il s'entretient avec Guillaume, n'est plus qu'un fils doux et timide, dès qu'en rentrant à la maison il court se jeter entre les bras de sa mère. Tendre, attentif, caressant, il cherche dans les yeux d'Edmée le moindre désir qu'elle va former. Il le pressent, le pénètre : Edmée ne l'a pas exprimé, il est accompli par Gemmi. O combien cet enfant si cher rendait heureuse sa bonne mère ! Combien de fois, en l'absence de Tell, dont le visage sévère désapprouvait tout excès d'un sentiment même légitime, Edmée, pressant sur son cœur le jeune, l'aimable Gemmi, lui répétait avec le délire, l'ivresse de l'amour maternel : Mon fils, mon unique fils, c'est dans tes jours que j'ai mis ma vie, c'est dans ton âme que mon âme existe ! Sache-le bien, mon cher fils, sois-en sûr, et, devant ton père, feins de l'ignorer.

Tell joignait à tant de biens le bien le plus nécessaire dans le bonheur et dans le malheur, Tell possédait un ami. Cet ami, presque de son âge, habitait parmi les rochers qui séparent Uri d'Underwald. La ressemblance de leurs cœurs, et non de leurs caractères, les avait unis dès l'enfance. Melctal, aussi pur, aussi brave, aussi généreux que Tell, aimait autant que lui la vertu, la liberté, la patrie; mais son amour, moins réfléchi, moins concentré dans un foyer brûlant, était capable de grandes actions, sans l'être de longues souffrances. Melctal, vif, bouillant, emporté, ne pouvait cacher un seul sentiment, exhalait dans ses paroles, épuisait dans un premier transport la passion ardente qui l'enflammait. Tell la réprimait au contraire, la nourrissait, l'augmentait, ne permettait pas à sa bouche, aux moindres traits de son visage, de l'exprimer, de la découvrir. Tous deux abhorraient l'injustice; mais l'un se bornait à tonner contre elle, à donner sa vie pour la punir; l'autre la suivait en silence, afin de la réparer. L'un, semblable au torrent fougueux qui renverse les premiers obstacles, ne savait rien ménager dans son impétueux élan; l'autre, commandant toujours à son indignation profonde, amassait avec patience ses ressentimens contre les pervers, semblable aux neiges de plusieurs hivers accumulées sur les montagnes, et qui descendent toutes à la fois lorsque le soleil vient les détacher.

Melctal et Guillaume traversaient souvent le court espace qui les séparait pour réunir leurs familles, pour passer ensemble les jours de repos. Ces jours, attendus par les deux amis, se partageaient entre eux également. Tantôt c'étaient la bonne Edmée, avec son époux et son fils, qui se mettaient en chemin, et s'en allaient porter à Melctal des fruits, du lait, des prémices de leur vigne ou de leur verger. Tantôt Melctal arrivait, donnant le bras à son vieux père, et conduisant par la main sa fille, unique gage qui lui fût resté d'une épouse qu'il pleurait encore. Tell les attendait à sa porte. Un siége était déjà tout prêt pour y faire asseoir le vieillard ; une coupe pleine de vin était pour lui dans les mains d'Edmée ; et Gemmi, dont les yeux inquiets regardaient toujours le chemin, tenait un bouquet de fleurs qu'il devait offrir à l'aimable Claire.

Oh ! qu'ils étaient purs et touchans les plaisirs qu'ils goûtaient ensemble ! que de délices ils trouvaient autour de la table rustique où leur frugal repas se prolongeait ! Dès qu'il était achevé, le vieux Melctal, malgré le poids de ses quatre-vingts années, sans autre appui que son bâton, allait gagner le sommet le plus élevé de la montagne, y prenait place au milieu de ses amis, de ses enfans, découvrait son front vénérable pour recevoir sur ses cheveux blancs la douce chaleur du soleil ; et lorsque ses yeux satisfaits s'étaient rassasiés quelques instans du

spectacle de la nature, de ce spectacle qui l'en-
chantait, le transportait aussi vivement que
dans ses beaux jours, il commençait à parler
de ses premières années, de ses peines, de ses
plaisirs, des chagrins attachés à la vie, des consolations qu'on trouve toujours dans sa con-
science et dans sa vertu. Tell, Melctal, Edmée, écoutaient avec un respect attentif : Claire
et Gemmi, assis tous deux entre les genoux du
vieillard, se regardaient par intervalles, quelquefois se pressaient la main. Un seul coup
d'œil de Guillaume faisait monter sur leur front
une naïve rougeur ; et le vieillard, qui s'en aper-
cevait, les excusait auprès de Guillaume.

Claire et Gemmi grandissaient tous deux, et
leurs innocentes amours suivaient les progrès de
leur âge. Déjà les jours heureux qu'ils passaient
ensemble revenaient trop tard au gré de leurs
vœux. Gemmi, pendant les longues semaines
qui s'écoulaient sans qu'il vît son amie, cherchait, inventait des prétextes pour s'échapper
de sa maison, pour voler à celle de Claire.
Tantôt il venait dire à Melctal qu'un ours avait
paru dans la montagne, que les troupeaux étaient
menacés ; aussitôt il venait lui apprendre que,
dans la précédente nuit, le vent du nord avait
fané les jeunes bourgeons de la vigne. Melctal
l'écoutait avec un sourire, le remerciait de ses

soins, de son attentive amitié. Claire s'empres-
sait de lui présenter un vase rempli d'un lait
écumant. Gemmi, en saisissant le vase, tou-
chait de ses mains les deux mains de Claire,
qui demeuraient jointes aux siennes jusqu'à ce
qu'il ne restât plus de la bienfaisante liqueur.
Gemmi la buvait lentement; ses yeux ne se dé-
tachaient point des yeux de celle qu'il aimait;
et, satisfait de ce regard, content de sa course
et de sa journée, il revenait chez son père en
s'occupant d'une occasion nouvelle de refaire le
même chemin.

Ainsi vivaient ces deux familles; ainsi vivait
un peuple de frères, dont les vieillards, les
enfans, les mères et les époux, ne connaissaient
d'autre richesse, d'autre bonheur, d'autre plaisir que le travail, l'innocence, l'amour et l'é-
galité. Tout-à-coup la mort de Rodolphe vint
leur arracher tous ces biens. Rodolphe, élevé
par la fortune sur le trône des Césars, avait toujours respecté la liberté de la Suisse. Son successeur, le superbe Albert, enorgueilli de ses
vains titres, de ses héritages immenses, de la
réunion de toutes les forces de l'empire et de
l'Autriche, s'indigna que dans ses états quelques
pâtres, quelques laboureurs fussent exempts du
nom de sujets. Il acheta, il crut payer la pro-
priété d'un peuple. Il pensa que de vils trésors

le rendaient souverain des hommes. Un gouverneur fut nommé par lui pour aller opprimer
les cantons; et ce gouverneur fut Gesler, le
plus barbare, le plus lâche des courtisans du
jeune empereur.

Gesler, suivi d'esclaves armés dont il faisait
à son choix des bourreaux, vint s'établir dans
Altorff. Ardent, impétueux, inquiet, dévoré
d'une activité que le mal seul pouvait satisfaire,
Gesler se tourmenta lui-même pour se perfec-
tionner dans l'art de tourmenter les humains.
Frémissant au nom de la liberté comme le loup
poursuivi des chasseurs frémit au sifflement des
flèches, il se promit, il se jura d'anéantir jusqu'à ce nom. Tout fut permis par Gesler à ses
infâmes satellites; il leur donna lui-même l'exemple de la rapine, du meurtre, des attentats contre
la pudeur. Le peuple se plaignit en vain, ses
plaintes furent punies. La vertu timide alla se
cacher dans l'intérieur des chaumières. La jeune
vierge trembla derrière sa mère effrayée. Le laboureur maudit la terre qui lui payait ses sueurs
par une moisson abondante qu'il n'espérait plus
de recueillir. Les vieillards, heureux de leur âge,
qui leur présentait la mort comme une libéra-
trice, se joignirent aux vœux de leurs fils pour
les voir mourir avec eux; partout enfin, dans
les trois contrées, le voile épais du malheur fut

étendu comme un crêpe funèbre par la main du cruel Gesler.

Dès l'arrivée de Gesler, Tell avait pressenti les maux dont sa patrie allait être accablée. Sans le dire même à Melctal, sans alarmer sa famille, sa grande âme se prépara, non à souffrir, mais à délivrer son pays. Les crimes se multiplièrent; les trois cantons, frappés d'épouvante, tremblèrent aux pieds de Gesler; Guillaume ne trembla pas, Guillaume ne fut point surpris. Il vit les forfaits d'un tyran comme il voyait sur l'aride roc la ronce se couvrir d'épines. Bientôt l'impétueux Melctal exhala près de lui sa fureur. Guillaume l'écoutait sans répondre; ses yeux ne versaient point de larmes; son front, son visage, impassibles, ne décelaient point ses projets. Pénétré d'estime pour son ami, certain de lui, mais se défiant de sa fougue, il lui cachait sa douleur pour ne pas irriter la sienne; il lui dérobait son secret jusqu'au moment de l'exécution. Sa prévoyance lui montrait ce moment encore éloigné. Tranquille, sombre, farouche, il passait les longues journées sans embrasser son enfant, sans tourner les yeux vers sa femme; avant l'heure accoutumée, il se levait, attelait ses taureaux, les conduisait dans son champ, qu'il labourait d'une main distraite; son aiguillon échappait de sa main; il s'arrêtait tout-à-

coup au milieu d'un sillon mal tracé ; sa tête
tombait sur sa poitrine ; ses regards se fixaient
sur la terre ; immobile, morne, respirant à
peine, il mesurait, il calculait la puissance du
tyran, les moyens de la détruire ; mettait dans
la balance de sa raison, d'un côté, le cruel Gesler entouré de ses satellites, armé d'un pouvoir
sans bornes, appuyé par toutes les forces de
l'empire ; et de l'autre, un laboureur avec la
pensée de la liberté.

Un soir que Guillaume et sa femme, assis
tous deux devant leur chaumière, regardaient
à quelque distance le jeune Gemmi essayant ses
forces contre le bélier chef de leur troupeau, la
vue de cet enfant s'abandonnant à sa joie naïve,
l'idée des malheurs affreux que l'esclavage lui
préparait, firent tomber le sensible Tell dans
une profonde rêverie, et, pour la première fois
de sa vie, ses yeux laissèrent échapper des larmes. Edmée le considérait ; elle hésita long-
temps à lui parler ; cédant enfin au plus vif désir
de l'amour, au besoin de partager les peines de
l'objet aimé, elle s'approche, saisit sa main,
le regardant fixement : Ami, dit-elle, que t'ai-
je fait pour mériter ce cruel abandon? que t'ai-
je fait pour avoir perdu cette confiance dont
j'étais si fière? Tu souffres des maux que ta
femme ignore ; tu veux donc qu'ils soient pour

elle plus douloureux que pour toi? Depuis quinze ans ne sais-tu pas que ma pensée attend la tienne, que je n'ose croire au bonheur, le goûter, le ressentir, qu'après la douce certitude que ce bonheur vient de mon époux? Hélas! je m'examine en vain, mon cœur est toujours le même; pourquoi le tien ne l'est-il plus? Rien n'a changé dans notre asile, mon époux serait-il changé? Regarde notre chaumière; c'était là que nous nous aimions; regarde ce champ labouré par toi, dont la récolte nous assure de quoi vivre, de quoi donner, pendant le cours de cette année. Regarde la lune brillante se lever derrière ces monts pour nous annoncer un jour aussi beau que celui qui va finir. Contemple enfin notre fils, dont la joie, les ris innocens semblent provoquer nos ris, et nous commander d'être heureux autant qu'il est heureux lui-même. Que te faut-il? ô Guillaume! parle, mon âme impatiente souhaite déjà ce que tu désires.

Edmée, lui répond Tell, ne prononce point le nom de bonheur; tu rendrais plus affreux le poids qui m'oppresse à toutes les heures. Que je te plains, infortunée, si tu peux croire à la félicité, si tu comptes pour quelque chose cet humiliant repos dont notre obscurité nous fait jouir, lorsque la Suisse est asservie, lorsque le barbare Gesler, cet émissaire insolent d'un despote plus superbe encore, nous commande, frappe nos fronts avec une verge de fer! Tu me montres cette moisson que mes travaux ont fait naître : Gesler d'un mot peut me la ravir. Tu me montres cette chaumière, où mes pères depuis trois cents ans ont pratiqué la vertu : Gesler peut m'en arracher ; et cet enfant que j'adore, cette portion de toi-même, qui, en s'emparant de tout mon amour, le redouble cependant pour toi, cet enfant dépend de Gesler. Ma terre, ma femme, mon fils, jusqu'au tombeau de mon père, rien n'est à moi, tout est au tyran ! L'air que nous respirons à son insu est un vol fait à sa puissance. O comble de l'ignominie ! un peuple entier, une nation est soumise aux caprices d'un homme... Qu'ai-je dit? d'un homme..... ô mon Dieu! pardonnemoi d'avoir profané le nom de ton plus bel ouvrage. L'humanité ne peut avoir rien de commun avec les tyrans. Elle doit être leur victime jusqu'au moment où, reprenant ses droits, elle venge dans un seul jour les outrages de mille siècles. Ce désir, cet espoir m'animent. Toute mon âme ne peut suffire à la grandeur de mes desseins. Garde-toi de m'en distraire, gardetoi de vouloir m'attendrir en m'occupant de toi, de mon fils. Un esclave n'a point d'enfant; un esclave n'a point de femme. Je le suis, toute la nature a cessé d'exister pour moi. Tes yeux, aveuglés par l'amour, se promènent avec complaisance sur cette chaumière, sur ce beau pays, où jadis nous fûmes heureux ; les miens, ouverts par la vertu, ne peuvent rien voir que ce fort terrible bâti sur le haut de ce roc, pour tenir Uri dans les fers.

As-tu pensé, lui dit Edmée, que mon cœur indigne du tien n'était pas flétri dès long-temps par le seul nom de la servitude ? As-tu pensé que je pouvais aimer Tell sans détester les tyrans ? Ah ! garde-toi de mépriser ces âmes douces et naïves qui semblent ne se nourrir que de tendres sentimens ! Va, la sensibilité, quelquefois mère des faiblesses, l'est plus souvent des grandes vertus. Celui qui pleure à l'aspect du malheur, au récit d'une belle action, prouve qu'il veut soulager l'un, et qu'il est capable de l'autre. Juge ta femme par toi-même : est-il deux êtres en nous ? Tu adores ta patrie ; juge si je dois la chérir, puisqu'elle est à la fois ta patrie et la mienne. Toutes les qualités de ton âme ont, à mes yeux, par-dessus leur beauté, celle de t'appartenir. Sans toi, j'eusse été vertueuse ; en t'aimant je le suis deux fois. Parle donc avec confiance, dévoile-moi tes desseins. Mon sexe m'ôte l'espoir de t'offrir un secours utile; mais mon sexe ne m'empêche point de mourir pour te seconder.

Tell, à ces mots, embrasse Edmée, et se prépare à lui ouvrir son âme, lorsque des cris mêlés de sanglots se font entendre du côté de sa chaumière. Les deux époux se lèvent précipitamment; ils aperçoivent leur fils, pâle, tout couvert de larmes, les bras élevés au ciel, courant vers eux avec effroi : O mon père, disait-il d'une voix entrecoupée, venez, venez à son secours..... Melctal, le vieillard Melctal..... Les barbares! ils ont osé..... Comme il parlait, Claire paraît soutenant la marche tremblante de l'infortuné vieillard. Celui-ci, de sa main droite, appuyé sur un bâton, tenait de la gauche le bras de l'inconsolable Claire. Il s'écriait à chaque pas : Tell, mon cher Tell, où es-tu? Et ses mains s'avançaient pour rencontrer Tell, et ses pieds heurtant contre les cailloux le forçaient de reprendre l'appui qu'il venait de quitter un instant.

Guillaume accourt, saisit le vieillard, le presse contre sa poitrine, le considère, jette un cri terrible; ses cheveux se dressent, en ne retrouvant sur ce visage vénérable que la trace sanglante des yeux que le fer vient de lui ravir. Saisi d'épouvante et d'horreur, Tell recule en chancelant; il ne s'arrête qu'à un roc où il de-

meure à demi renversé. Edmée est évanouie ;
Gemmi s'empresse de la secourir ; et Claire,
rappelant Guillaume, lui montre le vieillard
aveugle, et regarde le ciel en pleurant.

Tu t'éloignes, mon seul ami, s'écrie Melctal
d'une voix défaillante, tu trembles d'être souillé
du sang qui coule de mes plaies ! Ah ! reviens,
reviens sur mon sein. Mon cœur, mon cœur
me reste encore ; que je le sente du moins palpiter contre le tien ; que je puisse du moins
m'assurer, en t'embrassant, en te touchant,
que les barbares qui m'ont privé des yeux ne
m'ont pas ôté mon ami !

Pardonne, lui répond Tell en se précipitant
dans ses bras, pardonne au premier mouvement
de ma pitié, de mon horreur. O le plus vertueux
des hommes ! ton malheur ne peut augmenter
le respect que j'avais pour toi ; mais il augmente
ma tendresse ; il rend plus fort, plus sacré le
doux lien qui nous unit. Eh ! pourquoi, comment, dans quel lieu, ces méchans, altérés de
crimes, ont-ils osé porter leurs mains sur la
vieillesse, sur la vertu ? Que leur as-tu fait,
Mectal ? Ton fils est donc mort en te défendant !
S'il voyait encore le jour, t'aurait-il abandonné ?
t'aurait-il laissé sous la garde d'une faible et
malheureuse fille qui ne peut, hélas ! que pleurer ? Mais c'est moi qui remplace ton fils ; c'est

moi qui hérite aujourd'hui et de sa tendresse
et de sa vengeance.

N'accuse point mon fils, répond le vieillard,
ne juge point ton ami sans l'entendre. Asseyez-
moi au milieu de vous ; que je te sente à mes
côtés, Guillaume, que ma Claire ne me quitte
pas, et que ton Edmée et Gemmi me prêtent une
oreille attentive.

On conduit alors le vieillard sur un tertre
couvert de mousse. Il s'assied auprès de Tell ;
Edmée, assise derrière lui, renverse, soutient
sur son sein la tête vénérable de Melctal ; Claire
et Gemmi, à ses genoux, baisent sa main qu'ils
ont saisie, et la baignent de leurs pleurs.

Écoutez-moi, leur dit Melctal ; retenez les
transports de votre tendresse, retenez ceux de
votre colère. Ce matin, dans le moment même
où le dernier soleil que mes yeux devaient voir
est venu dorer nos montagnes, mon fils, Claire
et moi, nous étions aux champs. Claire m'aidait
à lier les gerbes de notre moisson ; mon fils les en-
tassait dans le char, où deux génisses attelées devaient les traîner à notre chaumière. Tout-à-coup
paraît un soldat, un satellite du cruel Gesler.
Il vient droit à nous, foulant nos épis, arrive
au char, l'examine, et d'une insolente main dé-
tache le joug des génisses. De quel droit, lui dit
mon fils, m'enlèves-tu ces animaux, mon unique

bien, ma seule richesse, ceux qui nourrissent ma famille, et donnent à ton gouverneur le salaire que tu reçois ? Obéis, répond le soldat, et n'interroge pas tes maîtres. A ces mots j'ai vu la fureur enflammer les yeux de mon fils. Il saisit le joug des génisses détaché par le satellite, l'arrache de ses mains, le lève, et, retenu par mes cris : Barbare, dit-il, rends grâce à mon père ; sa voix, plus puissante sur le cœur d'un fils que la colère de la justice, m'empêche de purger la terre d'un ennemi de l'humanité. Fuis, lâche, hâte-toi de fuir ; tremble que ce champ ne soit le tombeau d'un vil agent de la tyrannie. Le soldat était déjà loin. Je tenais Melctal dans mes bras : Mon fils, lui dis-je, au nom du ciel, au nom de ton père et de ton enfant, dérobe-toi à l'heure même à la vengeance de Gesler ! je le connais, il est implacable ; il se baignera dans ton sang, il le fera rejaillir sur les cheveux blancs de ton père : épargne-moi, mon fils, mon cher fils, sauve-moi la vie en sauvant la tienne !

Non, mon père, répondit-il avec l'accent de la piété, de la colère, du désespoir, non, je ne vous quitte point ! j'aime mieux mourir en vous défendant que de trembler un instant pour vous. Gesler et toute sa puissance ne peuvent m'arracher des bras de celui qui me donna la vie. Je veux, je dois..... M'obéir, inter-

rompis-je d'un ton sévère : rien n'est à craindre pour mes jours ; laisse-moi veiller à la garde
de ta chaumière et de ta fille , laisse-moi le soin
de lui conserver et son père et son héritage. Va
te cacher pendant quelques jours dans les montagnes d'Underwald ; Claire et moi nous irons
t'y joindre quand l'orage sera calmé. Va, cours
dès ce moment même : je t'en ai prié , je te le
commande , je te l'ordonne comme ton père.

A ces mots le fougueux Melctal baisse tristement la tête , se met à genoux , me fait ses
adieux, et demande ma bénédiction. Je le pres-
sai contre mon cœur, je le baignai de mes larmes. Claire se jeta dans son sein , Claire essuya
de ses baisers les pleurs que son malheureux
père s'efforçait en vain de cacher. Bientôt ,
s'arrachant des bras de sa fille , il la remit dans
les miens , me serra la main , et partit sans oser
retourner la tête.

Claire et moi, demeurés seuls , nous retour-
nâmes à notre chaumière. Mon dessein était
d'aller sur-le-champ trouver le tyran dans Altorff, voir, m'assurer par mes yeux si tout sentiment de justice était étranger à son âme. Seul,
je voulais m'exposer à sa redoutable vue, obtenir le retour de mon fils , ou mourir en le demandant. Mais tout-à-coup je vois ma chaumière environnée de nombreux soldats. Tous

appellent Melctal à grands cris, tous m'inter-
rogent, me pressent, me chargent bientôt de
chaînes, me traînent devant Gesler.

Où est ton fils ? me dit-il d'une voix sombre
et farouche. Il faut expier son crime à sa place,
ou le livrer à ma fureur. Frappe, lui dis-je, je
rendrai grâce à Dieu si je dois à ta barbarie de
donner deux fois la vie à mon fils. Gesler me
regarde d'un œil fixe, où se peignaient à la fois
et la tranquille soif du sang et l'embarras d'inventer un supplice que ma vieillesse n'abrégeât
pas. Enfin, après un long silence, il fait un
signe à ses bourreaux ; et ces barbares, devant
lui, sans qu'il détournât la vue, sans que l'affreux sourire du crime, certain de l'impunité,
quittât son visage féroce, me saisissent, me
renversent, et leur main armée d'un fer acéré
l'enfonce dans mes faibles yeux.

C'en est assez, leur dit Gesler, laissez vivre
ce débile aveugle ! que ses liens soient brisés ;
qu'il aille rejoindre son fils. On m'entraîne, on
me rejette à la porte du palais. Je marche, les
bras étendus, je tombe dans ceux de Claire,
de Claire, qui m'avait suivi, et que les cruels satellites retenaient à la première enceinte. Je me
sens presser dans son sein, je suis inondé de
ses larmes ; j'entends, à travers ses cris de douleur, ce mot, ce nom si doux à mon âme : Mon

père, mon père! c'est moi. Je m'efforce d'arrêter ses cris, je la calme, je lui dérobe ma douleur, et lui demande de me conduire chez mon ami, l'ami de mon fils. Nous sommes en chemin, répond-elle, mon cœur me l'a dit avant vous. Nous arrivons, ô mon cher Guillaume! hélas! je ne puis plus te voir ; mais je te sens auprès de moi, mais je tiens ta main dans la mienne ; elle palpite au récit de mes maux : mon fils est sauvé, mon ami me reste, ah! je n'ai pas tout perdu.

FIN DU LIVRE PREMIER.

LIVRE SECOND.

—

Ainsi parla le vieillard. Aussitôt qu'il eut achevé son récit, Edmée, Claire et Gemmi, se précipitant à son cou, firent éclater leurs sanglots et le baignèrent de leurs larmes. Tell, demeurant immobile, le front appuyé sur une de ses mains, regardait fixement la terre ; de grosses larmes tombaient goutte à goutte de ses yeux à demi fermés ; sa poitrine, oppressée d'un poids terrible, ne respirait qu'avec peine, et la main qui soutenait sa tête tremblait d'un mouvement convulsif. Après un long et sombre silence, il se lève tout-à-coup, embrasse le vieux aveugle, le serre deux fois avec étreinte contre son sein palpitant, fait des efforts pour parler, et ne peut prononcer que ces paroles dites d'une voix étouffée : Mon père, tu seras vengé.

Après ces mots, Guillaume retombe dans sa profonde rêverie. Debout, morne, silencieux, il examine, il médite encore ce qu'il a déjà médité ; bientôt, reprenant ses esprits, il demande au vieillard, d'un air calme, s'il est informé de l'asile où s'est allé cacher Melctal. Oui, répond le malheureux père, mon fils a dû se retirer dans les cavernes profondes de la montagne de Faigel. Ces rocs déserts, inabordables, sont inconnus aux émissaires, aux satellites du tyran. Melctal m'a promis, m'a juré de n'en sortir que par mon ordre. Rends-lui sa parole, répond Guillaume ; je te la demande pour lui ; et toi, mon fils, prépare-toi, tu vas partir à l'heure même. Tu marcheras toute la nuit ; au point du jour, tu dois arriver à la montagne de Faigel. Cherche Melctal, ne t'arrête pas que tu ne l'aies découvert : tu lui diras en l'abordant : Ton ami m'envoie vers toi pour t'apprendre les crimes nouveaux de l'exécrable Gesler. Il vient d'arracher les yeux à ton père. Guillaume t'envoie ce poignard.

Tell alors tire de sa ceinture un fer qu'il ne quittait jamais. Gemmi s'approche avec respect, prend le glaive, le met dans son sein ; Edmée et Claire, tremblantes, n'osent interroger Guillaume, regardent Gemmi, se regardent, et craignent de montrer leur inquiétude pour les périls qu'il va courir. Le vieux Melctal, étonné de l'ordre qu'il vient d'entendre, demande à Tell quels sont ses projets. Ton fils les connaît, lui répond Guillaume, et la seule vue de ce poignard lui dira tout ce qu'il doit faire. Le temps est cher, ne le perdons pas : je n'ai qu'un mot à te dire : Mon père, tu seras vengé.

Il prend aussitôt Gemmi par la main, et le conduit sans rien dire sur le tombeau de son père : là, après avoir reçu son serment, il lui confie une partie de ses projets, lui développe ses ressources, et l'instruit dans le plus grand détail de ce qu'il doit dire à Melctal.

Ils reviennent l'un et l'autre animés d'un généreux espoir. Gemmi est prêt à se mettre en marche ; Claire demande à l'accompagner. Elle veut aller embrasser son père, elle veut lui porter des fruits, du pain, et d'autres alimens dont il manque dans les montagnes. Le vieux Henri permet ce voyage. Edmée remplit de ses provisions une corbeille d'osier ; elle y joint du lait et du vin, remet la corbeille à son fils, le presse contre son sein, lui dit adieu, l'embrasse encore, et recommande à Claire, d'une voix basse, de veiller sur cet enfant si cher. Gemmi, armé d'un bâton ferré, dont son père lui montra l'usage, place sur sa tête la corbeille, présente le bras à la jeune Claire ; et tous deux, se tenant ainsi, partent comme deux jeunes faons qui vont dans l'obscurité chercher de nouveaux pâturages.

Guillaume les a vus partir ; Guillaume lui-même s'est revêtu d'une peau de loup qu'il portait toujours dans ses chasses lointaines. Cette peau, serrée contre son corps par une large

ceinture, vient envelopper sa tête, où les dents
de l'animal tombent et luisent sur son front ;
ses jambes sont à demi couvertes par des bro-
dequins d'ourson. Un carquois de cuir, plein
de flèches brillantes, est attaché sur son épaule ;
et dans ses mains est cet arc terrible qui jamais
ne se tendit en vain. Appuyé sur ce grand arc,
regardant Edmée d'un œil tranquille :

Ma femme, dit-il, je vous quitte ; je vais partir à l'instant ; je laisse en vos mains notre hôte,
le père de mon ami, le vieillard que je respecte,
que je chéris comme mon père ; ne vous occu-
pez que de lui seul. Veillez près de lui pendant son sommeil. Soyez attentive la nuit et
le jour à secourir, à soulager, à prévoir ses
moindres douleurs. Acquittez à tous les instans
ce que nous devons au malheur, à la vieillesse,
à l'amitié. Bientôt vous me reverrez ; deux jours
suffisent à ma course. N'informez personne de
mon absence, et que la porte de ma maison soit
fermée jusqu'à mon retour.

Il dit, sort de la chaumière, prend un sentier différent de celui qu'a suivi Gemmi, et précipite ses pas.

Cependant Claire et Gemmi descendaient ensemble la montagne pour aller gagner les étroits
sentiers qui mènent à Underwald. Ils font un
circuit au-dessus d'Altorff, vont frapper à la

cháumière d'un pêcheur ami de Tell, et lui demandent de les passer de l'autre côté du lac. Le
bon pêcheur, empressé d'être utile à des enfans,
court détacher son bateau, leur tend la main,
les reçoit, et, saisissant les deux rames, il frappe
l'onde transparente à coups égaux et rapides.
Descendus, à la rive opposée, les deux enfans
rendent grâce au pêcheur, et montent les roches arides qui de toutes parts enferment le lac.
Claire veut porter à son tour le fardeau que porte
Gemmi. Elle lui dispute cette douce charge,
que Gemmi ne veut point céder. Enfin ils se la
partagent; et tous deux, réunissant leurs mains
sur l'anse de la corbeille, ils gravissent ainsi
les sentiers, en se parlant, en se regardant avec
douleur, avec tendresse, en s'arrêtant quelquefois sous prétexte de reprendre halcine, mais en
effet pour se parler, pour se regarder de plus
près.

La lune a déjà disparu. Déjà l'aurore, si tar-
dive dans cette froide saison, vient dorer la
cime des neiges, lorsque les jeunes voyageurs
arrivent au pied du Faïgel. Ils montent, ils
cherchent des yeux s'ils ne découvriront point
quelque chevrier, quelque pâtre qui puisse leur
indiquer la solitaire caverne où Melctal s'est allé
cacher. Rien ne paraît dans ces rocs déserts.
C'est en vain que les deux enfans promènent

au loin leur vue; ils ne découvrent que des glaces, ils n'aperçoivent que des chamois suspendus sur les précipices, et fuyant avec la rapidité de l'oiseau des airs aussitôt qu'ils sont regardés.

Enfin, vers la huitième heure, une légère fumée sortant du milieu des rocs fixe les yeux de Gemmi, qui la fait remarquer à Claire : tous deux volent vers cette fumée, franchissent des torrens glacés, traversent un bois de sapins, et parviennent à une caverne, où, dès l'entrée, ils aperçoivent au fond une flamme pétillante. Un homme était assis devant ce foyer, qu'il ranimait par des branches sèches. Au premier bruit qu'il entend, cet homme retourne la tête, se lève, saisit sa hache, et vient, en la tenant levée, au-devant des jeunes voyageurs. Que demandez-vous? leur dit-il avec un accent de colère. Nous sommes vos enfans, mon père, répond Claire en courant à lui ; c'est Gemmi, c'est votre fille, qui viennent vous porter des vivres, et vous serrer dans leurs bras.

Elle dit, s'élance au cou de Melctal, qui, jetant loin de lui sa hache, pousse un cri de joie, reçoit sa fille, la presse contre son cœur, la couvre de ses baisers. Aussitôt, courant à Gemmi, qui le regardait en silence, il l'embrasse, le baigne de larmes, le confond avec Claire dans ses bras, prononce le nom de son

père, celui de Tell, son ami, précipite ses questions, et les interrompt par les tendres caresses
qu'il partage aux deux enfans. Enfin, les ramenant près du foyer, il les fait asseoir à ses
deux côtés, et les écoute en essuyant ses larmes.

Claire l'instruit avec précaution du motif qui
les amène, des ordres sacrés qu'elle vient porter de la part du vieillard Henri; bientôt la voix
de Claire s'éteint, elle veut, elle ne peut dire
le malheur affreux qu'elle pleure, le crime horrible de Gesler; trois fois elle commence ce récit, trois fois elle est forcée de l'interrompre.
Gemmi vient à son secours. O Melctal! lui dit-
il, vois nos larmes, elles t'annoncent de nouveaux malheurs. Mon père m'a chargé de te les
apprendre; mon père m'a dit que son ami les
entendrait avec constance, qu'il aurait pitié de
sa fille Claire, et qu'il contiendrait sa douleur.
Alors le jeune enfant raconte comment Gesler,
l'exécrable Gesler s'est vengé du triste vieillard. A
ce récit, le fougueux Melctal se lève, court à sa hache, veut s'élancer hors de la caverne, veut sur-le-
champ courir se baigner dans le sang du cruel
Gesler. Claire se jette à ses genoux; Gemmi se
place devant lui : Pense à mon père, lui dit-il;
tu ne te souviens donc plus de mon père? il n'est
donc pas ton ami? écoute au moins ce qu'il te
fait dire : Guillaume s'occupe de te venger;

Guillaume est à présent chez Verner, et ce seul mot doit t'en apprendre assez. Voici les ordres de mon père; il me les a répétés deux fois : Va, mon fils, instruire Melctal du nouveau crime du tyran; ce n'est pas la fureur qui peut nous venger, c'est le courage et la prudence. Je pars pour Schwitz, je vais trouver Verner, et faire armer son canton. Que Melctal se rende dans Stantz; c'est là que sont ses amis et les principaux d'Underwald : qu'il les rassemble, les invite à préparer leurs armes, et qu'il aille ensuite m'attendre dans la caverne de Grutti, où Verner et moi ne tarderons pas à le joindre.

Melctal écoute Gemmi, et la joie douloureuse de la vengeance se peint dans ses yeux et sur son visage. Je vais obéir à Tell, s'écrie-t-il avec transport, je cours rassembler mes amis. Dès demain, Gemmi, tu peux en répondre à ton père, deux cents hommes, braves, fidèles, animés de l'amour de la liberté, prêts à mourir pour la reprendre, et certains, avant de mourir, d'immoler des milliers d'esclaves, élèveront sur la place de Stantz le drapeau de la liberté. Voici l'instant qu'attendait mon courage; il n'était enchaîné que par Tell, que par les ordres sacrés de mon vénérable père. Mon père, mon ami, me rendent à moi, courons, volons à la victoire; elle est à nous, elle est certaine. Je

brûle de me voir aux mains avec le perfide Ges-
er. Qu'il vienne, qu'il vienne contre nous avec
ses nombreux satellites, avec toute sa puissance;
je suis plus fort, je marche à lui au nom de la
liberté, de la piété filiale, de l'humanité ou-
tragée.

Il dit, et veut à l'instant même prendre la
route de Stantz. La jeune Claire le retient ; elle
le force de donner du moins quelques momens
à la nature, d'accorder à sa fille une heure pour
jouir de ses tendres caresses, pour fortifier son
corps affaibli par les alimens qu'elle vient d'apporter. L'impétueux, le sensible Melctal embrasse en pleurant sa fille chérie, serre dans ses
bras le jeune Gemmi, consent à s'asseoir près
de son foyer, place les deux enfans à ses côtés,
et fait avec eux un frugal repas, qu'il précipite
et qu'il abrége. Bientôt, armé de sa hache, il
dit adieu à ses enfans, presse sa fille sur son
cœur, et prenant la main de Gemmi : Écoute,
lui dit-il, mon fils ; je peux mourir dans notre
entreprise ; cette mort même aurait des délices,
les cœurs généreux envieraient mon sort. Mais
je veux du moins disposer du seul trésor que
je possède, du trésor le plus cher à mon cœur
après la liberté de mon pays. Ce trésor, mon
fils, c'est ma Claire ; je te la donne dès ce moment. Voilà ton épouse, Gemmi, serrez tous

deux vos mains dans les miennes. Jurez sur
mon cœur qui palpite pour mon pays, pour vous,
pour mon père, jurez de vous aimer toujours,
de vivre, de mourir l'un pour l'autre, de con-
fondre tous vos sentimens dans votre amour
ardent et pur. Vous êtes époux, mes enfans, je
vous bénis au nom de mon père, au nom de
mon digne ami.

Claire et Gemmi tombent à genoux, baissent
la tête en se tenant la main, et reçoivent avec
respect la bénédiction paternelle. Les pleurs
coulaient sur leurs joues; Melctal lui-même était
baigné de larmes, et ses yeux, animés de tous
les transports qui remplissaient son âme ardente,
brillaient de feux à travers ses larmes. Il relève
ses enfans, il les embrasse de nouveau, leur dit
adieu, leur répète encore ce qu'ils doivent rap-
porter à Guillaume; et, saisissant sa hache, il
sort de la caverne à pas précipités, et prend le
chemin de Stantz.

Les deux enfans, demeurés seuls, n'osent
d'abord lever la vue l'un sur l'autre. Immobiles, la tête baissée, et se tenant encore la main,
ils éprouvent un frémissement mêlé de joie, de
bonheur, de crainte. Leurs âmes, agitées d'une
foule de sentimens divers, ont peine à se remettre de tant de secousses; leur pudeur naïve,
enfantine, leur fait craindre, pour la première

fois, de se trouver ainsi solitaires. Gemmi, ras-
suré le premier, dit enfin d'une voix tremblante :
Claire, vous êtes à moi ; depuis long-temps vous
êtes instruite que Gemmi n'appartient qu'à vous.
Mais le moment où nous sommes, les dangers
que vont courir nos pères, nous défendent de
nous occuper de nous-mêmes ; c'est à eux seuls
que nous devons toute notre âme et tous nos
momens. Partons, Claire, rejoignons ma mère,
rendons-lui compte de notre voyage ; et, lorsque
mon père et votre vénérable aïeul auront confirmé la bénédiction que vient de nous donner
Melctal, alors j'oserai peut-être vous dire combien je suis heureux.

Claire, sans répondre, lui serre la main,
sort aussitôt de la caverne, et tous deux reprennent la route qu'ils avaient déjà parcourue.

Mais le soleil, quoiqu'à peine à la moitié de
son cours, ne jetait plus qu'une lueur pâle à
travers des nuages sombres. Un voile grisâtre
dérobait partout l'azur du ciel, et des flocons
de neige voltigeant dans l'air, semblables à la
toison des agneaux que leur ont arrachée les ronces, venaient en s'augmentant du côté du nord.
Bientôt un vent froid s'élève, et amène plus
forte et plus rapide cette neige éblouissante.
Elle tombe comme la pluie d'un violent orage:
Elle remplit les sentiers, comble, dérobe les

précipices, et fait baisser la paupière des malheureux voyageurs, qui ne peuvent soutenir son
impétuosité. Claire et Gemmi, forcés de s'arrêter, cherchent un abri sous des rochers. La
neige les atteint partout, la neige tombe sur leurs
têtes. Gemmi s'alarme pour Claire; celle-ci,
pour le rassurer, sourit en se voyant couverte
des flots qu'elle secoue et renvoie aux vents. La
tempête s'apaise enfin; les rayons d'or de l'astre du jour percent le voile qui le couvrait, et
viennent se réfléchir sur les diamans de la neige.
Les deux enfans se remettent en route, mais ils
ne trouvent plus leurs sentiers. Un tapis épais
et blanc couvre les rochers et les précipices.
Gemmi tient Claire par la main, et s'avance
avec précaution. De son bâton il sonde la neige;
il ne permet à Claire de faire un pas qu'après
s'être assuré qu'il n'y a point de péril. Claire,
qui ne craint que pour lui, qui ne marche que sur
ses traces, lui serre plus fortement la main, prête
à le soutenir s'il tombait; et cette marche longue,
pénible, ces dangers toujours renaissans sont
mêlés de charmes pour la tendre Claire.

Forcés de prendre des détours, de suivre les
bords des torrens, où la rapidité de l'onde a
laissé la terre à découvert, les voyageurs con-
sument le reste du jour, et n'arrivent que vers
le soir non loin du village d'Erfeld. Gemmi se

reconnaît alors ; il est sûr, en remontant la
Reuss, de rentrer la nuit dans Altorff. Il encourage sa compagne ; et la lune, qui commence à paraître, lui ôte la crainte de s'égarer
encore. Plus tranquilles, ils suivaient tous deux
la rive gauche du fleuve qui traverse le canton
d'Uri, lorsqu'ils sont joints par un homme armé
d'une longue arbalète, couvert d'un large manteau qui l'enveloppait tout entier. La neige et
la glace se distinguaient seules sur le bonnet
qui lui servait de coiffure, sur son manteau,
sur ses cheveux attachés ensemble par les frimas. Cet homme vint droit aux enfans, qui
s'arrêtèrent à sa vue, et d'une voix altérée :

– Mes jeunes amis, leur dit-il, vous voyez un
chasseur égaré. J'ai perdu de vue tous mes
compagnons ; je ne puis retrouver le chemin
d'Altorff, où je suis sûr que mon absence a
déjà répandu l'inquiétude. Pourriez-vous m'y
conduire, enfans? Votre zèle et votre secours
seront récompensés par moi. La récompense
est dans le service, lui répondit aussitôt Claire ;
nous savons le chemin d'Altorff, et nous aurons autant de plaisir à vous ramener à votre
famille que vous en auriez vous-même à nous
rendre à nos bons parens. Suivez-nous, vous
êtes certain d'être à la ville dans une heure. Le
chasseur alors joint les deux enfans, et, les

observant avec attention à la clarté de la lune;
il marche en silence auprès d'eux.

Bientôt le chasseur, s'adressant à Gemmi:
Jeune homme, dit-il, quels sont vos parens? où
demeurez-vous dans Altorff? Je suis le fils d'un laboureur, répond Gemmi sans le regarder; mon
père n'habite point la ville.—Et dans quels lieux
est sa retraite?—Dans les montagnes, au milieu
d'un désert, où il cultive son champ, où il pratique
la vertu.. La vertu! reprend le chasseur avec un
sourire ironique; je n'aurais pas cru que ce nom
fût connu de vous à votre âge. C'est le premier
nom que j'ai bégayé, répond Gemmi d'un ton
de voix ferme. — Vous savez donc ce qu'il si-
gnifie?— Je l'espère au moins. —Expliquez-le-
moi. — Trois mots suffiront : la crainte de Dieu;
l'amour des humains, et la haine de leurs oppresseurs. — Et quels sont ces oppresseurs?—
Les tyrans et leurs satellites.—En Suisse il n'est
point de tyrans. Claire ne peut retenir un cri.
Gemmi ne répondit point; et le chasseur, la
tête baissée, marcha quelque temps en silence.

Ils approchaient des murs d'Altorff; déjà l'on
voyait reluire les lances des gardes qui veil-
laient aux portes. Le sombre inconnu tout-à-
coup demande à Gemmi d'une voix farouche: .
Comment s'appelle ton père? Claire, tremblante,
serra plus fortement la main de Gemmi. Celui-

ci, pour qui le mensonge était impossible, hésite quelques instans; enfin, pressé par l'inconnu, il le regarde d'un air assuré. Nous avons bien voulu, répond-il, vous remettre dans votre route, mais c'est à quoi se bornera la confiance que vous inspirez. Vous ne saurez point le nom de mon père; il n'est connu que de ses amis. Jeune imprudent, s'écrie alors le chasseur avec l'accent de la colère, ton père ne peut m'échapper, tu ne sortiras toi-même des fers que je te prépare qu'au moment où je connaîtrai ta séditieuse famille. Va, je sais découvrir les coupables aussi bien que les punir.

A ces mots il arrive aux portes, prononce le nom de Gesler; et les soldats, sortant aussitôt, baissent devant lui leurs lances. Qu'on saisisse ces deux enfans, leur dit l'atroce gouverneur; qu'on les traîne dans la prison, et qu'on ait soin de m'amener les premiers habitans d'Altorff qui se présenteront pour les réclamer.

On obéit; Claire et Gemmi sont environnés par la garde; sans pitié pour leur âge, pour l'état de faiblesse où leur pénible route les avait réduits, on les conduit dans le fort, où un cachot devient leur demeure.

Calmes tous deux, se regardant avec tendresse, et remerciant en secret leurs bourreaux de ne les point séparer, les deux enfans entendent sans effroi se refermer les portes épaisses de leur horrible prison ; ils se reposent sur la paille qu'on leur a jetée par pitié ; ils partagent le pain grossier que l'on a mis auprès d'eux. Sans crainte comme sans remords , inquiets seulement des alarmes qu'éprouveront leurs familles, des dangers qui menaceraient Guillaume , s'il venait s'offrir au tyran , ils espèrent, ils font des vœux pour qu'Edmée et le vieux Henri les croient demeurés auprès de Melctal, pour qu'ils ignorent leur malheur, pour que ce malheur ne soit que pour eux.

Tandis qu'occupés seulement de cette pieuse idée, les deux enfans, en prison sous le couteau d'un barbare qui ne pardonna jamais, dormaient paisiblement l'un auprès de l'autre sans être troublés par des songes funestes, et goûtaient ce calme , ce repos de l'âme que la vertu donne même dans les fers , le gouverneur, dans son palais, entouré de troupes nombreuses, armé de sa toute-puissance, pouvant d'un seul mot consommer la perte de quiconque déplaisait à ses yeux, le gouverneur ne pouvait dormir , et les plus terribles craintes agitaient son esprit inquiet. Sombre , furieux, tourmenté par une foule de desseins contraires , tremblant pour ses jours, méditant de nouveaux supplices pour effrayer ceux qu'il redoutait, pour conserver sa misérable vie à force de donner la mort, pour mettre entre le trépas et lui un large fleuve de sang, il se disait à lui-même : O combien doit être terrible la haine que me porte ce peuple, puisque leurs enfans, leurs faibles enfans ne peuvent pas le cacher au voyageur, à l'inconnu que le hasard leur fait rencontrer! Que disent donc leurs vieillards, leurs hommes! Que n'ai-je point à redouter de ce peuple de séditieux dont les générations se multiplient, s'élèvent avec l'espoir, avec le désir de m'arracher ma puissance, de me percer sans doute le sein! Ah! je saurai prévenir leurs coups, je saurai comprimer par la terreur ceux qui pourront échapper à ma redoutable justice; je veux inventer de nouveaux supplices, je veux inventer de nouveaux moyens de reconnaître mes ennemis; tous le sont, je n'en doute point; mais tous n'oseront se montrer, et les plus hardis du moins tomberont les premiers sous mon glaive.

Il s'abandonne alors au délire de sa colère, de son orgueil, roule dans son esprit aliéné mille projets inexécutables, adopte, caresse les plus insensés, et, trouvant un mérite de plus aux ordres qui prouveront mieux le mépris qu'il veut affecter pour ce peuple qu'il redoute, il s'arrête enfin au projet stupide de forcer les habitans d'Uri à courber lâchement leur front

devant le bonnet qui sert de coiffure à leur atroce
gouverneur ; en vain sa raison, à demi perdue,
veut lui présenter les dangers de cet ordre absurde, inutile ; sa raison n'est plus écoutée. Il
fait appeler près de lui les chefs de sa garde
nombreuse, les interroge avec inquiétude sur
le zèle, sur l'attachement de leurs mercenaires
soldats ; leur distribue des trésors que son avarice cède à sa crainte ; et, s'adressant à Sarnem, ministre secret et fidèle de ses désirs les
plus coupables : Demain, lui dit-il, à l'aube
du jour, qu'on plante une longue pique au milieu d'Altorff ; je veux que, sur la pointe de
cette pique, le bonnet qui couvre ma tête, et
que je remets dans tes mains, soit exposé à
tous les regards. Mes nombreux soldats sous
les armes environneront la place, en garderont
les avenues, et forceront tous les passans à se
courber avec respect devant ce signe de la puissance du gouverneur des trois cantons ; que la
moindre résistance, que le plus léger murmure
soit sur-le-champ puni par les fers ! C'est à vous
de lire sur les visages, dans les yeux, dans les
traits de ces hommes vils que la nature fit pour
être esclaves, les secrets sentimens de haine,
d'indépendance, de courage même ; car le courage est un crime dans ceux qui ne doivent savoir qu'obéir. Allez, exécutez mon ordre, et

que nos émissaires s'occupent tous de découvrir les parens coupables des deux enfans que
j'ai fait mettre aux fers.

Il dit : Sarnem court tout préparer. Les soldats reçoivent d'avance le salaire des crimes
qu'on leur demande. L'or et le vin leur sont
prodigués; des espions sont répandus dans la
ville, dans les environs, pour s'introduire dans
les familles; pour y raconter, sous un faux ton
de pitié, comment deux enfans sont victimes
de la sévérité de Gesler, pour étudier, pour
surprendre dans les regards l'effet que produit
cette nouvelle, pour faire un crime de la douleur, même de la compassion.

Mais le ciel, le juste ciel, qui veillait sur la
chaumière de Tell, la cache aux yeux de ces
émissaires. Ils ne vont point chez la bonne Edmée, qui, seule avec le vieillard aveugle, comp-
tait les heures écoulées loin de son époux, loin
de son fils. La nuit s'est passée dans l'inquiétude, sans que la lampe solitaire qui éclairait
la maison se soit éteinte un moment, sans que
le vieux Henri et la bonne Edmée aient voulu
se livrer au sommeil. Ils ont toujours parlé de
leurs enfans. Ils se sont interrompus cent fois
pour écouter le moindre bruit qui se faisait
entendre à leur porte. Les aquilons sifflant dans
les arbres dépouillés de leurs feuilles, les aboie-

mens du chien fidèle qui tourne autour de la maison, faisaient tressaillir Edmée. Elle se levait, courait à la porte, espérant toujours que c'était Gemmi; elle regardait, ne voyait que les ténèbres; elle écoutait, attentive, et n'entendait que les torrens. Elle revenait tristement auprès du vieillard éperdu, à qui elle voulait cacher ses inquiétudes et ses craintes : Votre fils les aura retenus, lui disait-elle en soupirant; dormez, dormez, ô bon vieillard, je veillerai jusqu'au matin. Oui, ma fille, répondait Henri, mon fils les aura retenus; je vais reposer; ne songe pas à moi, et calme ton âme inquiète. Alors le vieillard, pour ne pas l'alarmer, faisait semblant de reposer, faisait semblant d'être tranquille; tous deux gardaient le silence pour se tromper mutuellement, tous deux se cachaient leurs larmes; mais au moindre bruit tous deux se levaient, et leur espoir était trompé.

FIN DU SECOND LIVRE.

LIVRE TROISIÈME.

—

Cependant Tell, long-temps avant l'aurore, est arrivé dans les murs de Schwitz. Il va frapper à la maison de Verner ; les dogues, veillant dans la cour, font retentir l'air de leurs aboiemens. L'inquiet Verner, déjà debout devant un chêne brûlant, se hâte d'aller à sa porte, l'ouvre à la voix de son ami, l'embrasse, le mène près de son foyer ; et les dogues menaçans n'ont pas plus tôt reconnu le fidèle ami de leur maître, qu'ils l'environnent en le caressant, et viennent cacher leurs têtes énormes sous les mains engourdies de Guillaume.

Ami, dit le héros à Verner, il est enfin venu l'instant qui doit délivrer la patrie ou terminer nos malheureux jours. Ce n'est plus ta prudence que je viens consulter, ce n'est plus à ta sagesse que je viens demander des conseils ; c'est ton courage que je réveille, c'est à lui que je porte des armes. Plus de conseils ; il faut agir : les nouveaux crimes de Gesler nous ont donné le dernier signal.

A ces mots, il dépose devant Verner un pe-

5.

sant faisceau de lances, de flèches, d'arbalètes,
d'épées tranchantes, qu'il a porté sur ses épaules.
Verner les regarde avec une joie tranquille.
Avant de t'entendre, répond-il, allons cacher
ce trésor précieux dans un asile secret; l'on
peut ici nous surprendre : lorsque l'on dépend
d'un tyran, le citoyen n'a point de maison.

Tous deux alors reprennent les armes, descendent; les portent dans un souterrain, et,
revenant s'asseoir près du foyer, Guillaume raconte à Verner la barbarie du gouverneur, le
malheur du vieillard Henri, la retraite de son
fils Melctal, le voyage du jeune Gemmi, qui
doit l'avertir, à cette heure même de se rendre
à Grutti, le soir, pour assurer leur vengeance.
Verner écoute avec attention, se fait répéter
les détails des grands desseins de Guillaume;
les pèse, les discute avec lui, oppose, invente
les obstacles qu'il est possible de rencontrer;
et, satisfait des réponses de Tell, qui a tout
prévu, qui répond à tout, il l'embrasse en lui
disant ces paroles : Ami, commençons, je suis
prêt.

Aussitôt, séparément et par des chemins op-
posés, ils vont porter une à une les armes qu'ils
ont en dépôt à leurs amis de la ville, à leurs
amis des villages dont Schwitz est environné;
ils vont remettre dans les mains des ennemis de

la tyrannie de quoi la détruire, de quoi se venger. Ils rendent grâce aux frimas, à la neige qui obscurcit le jour, qui tombe avec abondance, et rend déserts les chemins qu'ils traversent avec sûreté. Ils vont, reviennent cent fois pour distribuer les armes, qu'ils n'osent porter qu'une à une ; ils emploient douze heures entières à cette importante distribution, échauffent, raniment le cœur de chacun de ceux qu'ils viennent armer, prennent son serment devant Dieu, l'instruisent du nouveau crime de Gesler, l'animent à la vengeance, et retrouvent toujours de la voix, toujours de nouvelles forces, pour varier des discours, pour faire de nouveaux pas qui doivent amener la liberté.

Le jour entier s'est consumé dans ces soins. Toutes les armes sont distribuées ; Guillaume n'a gardé que son arc, Verner n'a conservé qu'une lance. Tous deux, accablés de fatigue, rentrent dans la maison de Verner, prennent un peu de nourriture, raniment leurs forces éteintes, et, sans prendre un instant de repos, pressés par le temps qui s'écoule, par la parole donnée à Melctal, ils se remettent en chemin pour la caverne de Grutti.

Ils marchent au milieu des neiges que l'aquilon ramasse autour d'eux ; ils arrivent sur les bords du lac, cherchent un bateau dans l'obscurité, trouvent une faible barque amarrée par de forts liens, et que les flots impétueux, soulevés par le vent du nord, faisaient battre contre le rivage. Verner, voyant le lac agité, s'arrête, demande à Guillaume si sa science si renommée dans l'art de conduire une barque pourra lutter contre la tempête. Melctal nous attend, lui répond Guillaume, et le sort de notre patrie va dépendre de notre entrevue. Comment oses-tu demander si je pourrais traverser le lac? J'ignore si la chose est possible, mais je sais qu'il faut la faire. Je compte peu sur mon adresse, mais je compte sur le Dieu du ciel qui veille sur les âmes pures, et qui se plaît à protéger les amans de la liberté.

Il dit, saute dans la barque; Verner s'élance après lui. Tell coupe aussitôt le lien, s'empare de l'aviron, et s'éloigne du rivage. Mais, soit un effet du hasard, soit que ce Dieu juste et puissant que Guillaume invoquait dans son cœur veillât sur les libérateurs de la Suisse, le vent s'apaise tout-à-coup, les flots se calment, l'onde tranquille porte la barque de Tell, qui, saisissant les deux rames, la fait voler avec la rapidité de la flèche. Il a bientôt franchi le lac, il arrive à l'autre bord, descend, amarre sa barque, et les deux amis se rendent à la caverne qu'ils connaissaient depuis si long-temps.

Melctal les attendait à l'entrée. Aussitôt qu'il aperçoit Tell, il se précipite dans ses bras, le serre, le baigne de ses pleurs, prononce avec des sanglots le nom de son père et le nom de son ami ; mêle, confond ces deux noms si chers, et peut à peine contenir tous les sentimens qui l'oppressent. Guillaume pleure avec lui, tient sa main, qu'il presse avec force, l'entraîne au fond de la caverne, et là, dans une obscurité profonde, les trois amis, assis sur des rocs ; faisant trêve à leurs intérêts, à leurs douleurs particulières, ne s'occupent que de l'intérêt et du destin de leur pays. Tell le premier prend la parole.

Melctal, dit-il, ton père est vivant, ton père est dans ma maison ; que ta tendresse se rassure ; que ta piété filiale se taise devant la patrie. Examinons, trouvons les moyens les plus sûrs et les plus prompts de délivrer notre pays, de lui rendre sa liberté, de venger les longues injures, les barbaries, les fureurs dont il a souffert trop long-temps. Chacun de nous, dans son canton, jouit de l'estime, de l'attachement, de la confiance de nos frères. Les braves habitans de Schwitz se lèveront à la voix de Verner ; il ne leur manquait que des armes, aujourd'hui même Verner et moi nous leur en avons donné. Ces armes, jointes à celles que nos amis de

Schwitz s'étaient procurées, nous répondent de deux cents soldats dont Verner est le capitaine. Nous avons leur foi, leurs sermens; nous comptons sur eux comme sur nous-mêmes.

Dans Uri, dans les murs d'Altorff, où la présence du tyran augmente et nourrit la terreur, où le fort terrible qu'il a élevé semble assurer à jamais sa puissance, il m'a été plus difficile de trouver des compagnons. Tous les cœurs brûlent pour la liberté, mais les satellites nombreux de Gesler, ses infâmes émissaires veillent avec plus de soin à découvrir, à punir la moindre étincelle de ce feu sacré. Je n'ose compter encore sur les habitans d'Altorff; ils tremblent, ils sont gémissans sous la verge du despotisme; ils voient toujours la hache levée sur le premier qui oserait regarder le gouverneur. Le peuple d'Altorff ne l'attaquera point, mais il ne le défendra pas. Il faut conquérir Altorff. Dans les villages qui l'entourent, j'ai trouvé cent compagnons prêts à mourir avec moi; ils sont armés, ils sont braves, c'est tout ce que je puis offrir. Parle, Melctal, rends-nous compte de tes efforts en Underwald, et arrêtons irrévocablement l'heure, l'instant où nous réunirons nos forces, où nous irons mourir ou devenir libres.

Ami, s'écrie Melctal avec un accent dont à

peine il est maître, j'étais loin de compter sur
les forces qui sont déjà dans vos mains, et j'é-
tais certain du succès. Cent cinquante jeunes
guerriers sont déjà prêts dans Underwald; aujourd'hui même je les ai tous vus; ils m'ont
choisi pour leur chef, ils brûlent tous de combattre. Amis, ne perdons pas un instant; ren-
dons-nous, dès cette nuit même, sous les
murailles d'Altorff; réunissons nos guerriers au
milieu même de cette ville; attaquons le fort
sur-le-champ, le peuple nous secondera; nous
punirons le gouverneur; je veux que les yeux
lui soient arrachés à la même place où mon
père..... Mais je m'égare; pardonnez au plus
malheureux des fils : je veux, dis-je, que,
malgré la nuit, malgré la neige qui couvre la
terre et rend les chemins difficiles, nous soyons
demain, à l'aube du jour, au milieu de la place
d'Altorff, et qu'un combat engagé sur-le-champ
nous rende maîtres de la citadelle, ou nous
fasse tous périr.

Oui, nous péririons, lui répond Verner
d'une voix calme, et cette mort, glorieuse sans
doute, serait inutile à notre pays. Tu n'as donc
pas entendu, Melctal, ce que nous a dit Guillaume? les cent amis dont il est sûr dans Uri
sont dispersés dans les villages, il lui faut du
temps pour les rassembler; et quatre mille sa-

tellites sont toujours réunis auprès du tyran.
Le peuple d'Altorff, gémissant, comprimé sous
le poids terrible de la présence de Gesler, de
sa garde, de ses soldats, n'osera point se joindre à nous. Nos faibles troupes, arrivant en
tumulte l'une après l'autre, n'obtiendraient pas
l'entrée de la ville, et seraient détruites sous
ses remparts. Les trois cantons sont trop faibles pour renverser cette puissance de Gesler,
qui s'appuie sur le colosse de l'empire, qui
possède plusieurs places fortes, dont le siège,
quelque rapide qu'il soit, laisse le temps à
l'Allemagne d'enfanter contre nous des armées
plus nombreuses que tout notre peuple. Croyez
à mon expérience. Assurons-nous de nombreux
secours avant de tenter aucune entreprise. Pensez-vous que nous soyons les seuls animés de
l'amour de la liberté? Pensez-vous que Zurich,
Lucerne, les habitans des montagnes de Zug,
de Glaris et d'Appenzel, ne frémissent pas
comme nous de se voir accablés de chaînes?
N'en doutez point, ces généreux peuples souf-
frent de la soif de l'indépendance; ils feront
un jour, mon cœur le prédit, un même corps
avec nous, une seule république redoutée et
respectée de tous les rois de l'univers. Avançons
ces temps de gloire, envoyons des députés sûrs
à Lucerne, à Zug, à Zurich; rendons générale

la conjuration ; fixons un jour, un jour sacré,
où, à la même heure, dans toute la Suisse,
tous les amis de la liberté attaquent à la fois
leurs tyrans. Alors nous éclaterons ; alors Altorff
se déclarera, et le gouverneur, troublé, environné de peuples en armes, succombera sous
nos efforts avant que ses courriers, partout ar-
rêtés, puissent porter à l'empereur la nouvelle
de ses périls.

Verner se tait, et Melctal murmure ; Melctal
va combattre Verner, lorsque Guillaume prend
la parole, et tous deux l'écoutent dans le silence. J'aime ton audace, dit-il à Melctal,
j'excuse ta bouillante ardeur, mais elle nous
serait fatale. J'honore ta prudence, Verner,
mais elle aurait aussi ses dangers. Malheur aux
saintes conjurations à qui le temps est nécessaire, et dont le secret n'est pas concentré dans
un petit nombre de cœurs fidèles ! Une seule
erreur, un seul mot, les plus légers accidens,
renversent l'ouvrage de plusieurs années. Il ne
faudrait trouver qu'un traître dans les villes
nombreuses que tu nous proposes d'associer à
nos desseins, pour remettre la patrie aux fers,
pour voir périr dans les supplices l'élite de ses
plus dignes enfans. Non, ne confions à personne nos généreux, nos sublimes desseins.
Nous suffirons, je l'espère, pour fonder la li-

berté ; et lorsqu'Uri, Schwitz, Underwald, auront planté sur leurs montagnes le drapeau de l'indépendance, nous ou nos fils verront les cantons venir combattre sous cet étendard, ou se reposer à son ombre.

Verner, il est temps d'éclater ; mais je te demande, Melctal, de me donner encore quelques jours. Voici le plan que je vous soumets.

Underwald et Schwitz sont armés. Trois cent cinquante guerriers de ces deux braves cantons sont prêts, dites-vous, à suivre vos pas : assignez-leur, non pas une ville, non pas un village, mais un vallon, un endroit désert, où, se rendant par diverses routes, ils puissent tous se réunir et se mettre en marche à la fois. Tandis que vous prendrez ce soin, je retourne dans Uri, et, secondé par le brave Furst, le seul de mes compagnons à qui j'ai confié mes projets, je vais rassembler, s'il se peut, les cent ennemis de la tyrannie, que leurs murmures, leur courage, m'ont fait juger dignes de vaincre avec nous. Le brave Furst ira les chercher dans le Maderan et dans l'Urseran, jusque dans les hautes montagnes d'où se précipitent l'Aar, le Tessin, le Rhin et le Rhône. Seul, je demeure dans Altorff, où un émissaire de Furst viendra m'avertir de l'instant où sa troupe doit se mettre en marche. A cette nouvelle, je mets le feu

à un immense bûcher que mes mains ont déjà
placé sur la montagne où est ma maison. Dès
que vous verrez cette flamme, partez, Verner,
partez, Melctal, ainsi que tous vos compagnons,
chacun pour le lieu du rassemblement. De là,
dès que vous serez réunis, marchez sur-le-
champ vers Altorff. J'ai mesuré le temps, les dis-
tances. Furst, avec les braves d'Uri, Verner,
avec ceux de Schwitz, Melctal, avec ceux d'Underwald, doivent arriver presque en même temps
au midi, au nord et à l'orient de la ville. J'y serai, mes braves amis, j'y serai seul au milieu
du peuple, que ma voix, que mes efforts appel-
leront à la liberté. Ma bouche fera retentir ce
nom sacré, devenu notre cri de guerre. Vous
le prononcerez en entrant. Le peuple, frappé
de surprise de voir, d'entendre à la fois Underwald, Uri et Schwitz qui volent à son secours, le peuple alors, n'écoutant plus que sa
haine, se livrant tout entier à sa fureur contre
Gesler, grossira vos troupes vaillantes. Nous
attaquerons le fort, où le tyran, surpris et troublé, ne se défendra qu'avec lâcheté. Vous verrez
bientôt nos drapeaux flotter sur ces créneaux
terribles; et toute la Suisse, émue par cette première victoire, viendra nous demander l'honneur de s'associer aux futurs combats.

Il dit, et Melctal se jette dans son sein, et

baigne le héros de larmes de joie. Verner lui-
même est persuadé; Verner adopte son avis.
Les trois libérateurs, sans se lier par de nouveaux sermens, inutiles à leurs grandes âmes,
les trois héros se séparent, après s'être répété
qu'ils ne se mettront en marche qu'au moment
où le signal du feu leur sera donné par Guillaume. Melctal retourne dans Stantz se préparer
avec ses amis; Verner et Tell retournent à leur
barque, traversent le lac, demeuré paisible, et,
parvenus sur l'autre bord, Verner prend la
route de Schwitz, et Guillaume celle d'Altorff.

Il marche en suivant la rive du lac. Il veut,
avant de retourner auprès d'Edmée, visiter ses
amis d'Altorff, les instruire de ses grands desseins. Le soleil brillait déjà, lorsqu'il arrive
dans la ville. Il s'avance jusqu'à la place, où le
premier objet qui frappe sa vue est une longue
pique élevée, au haut de laquelle il distingue
un riche bonnet brodé d'or. Autour de la pique
des soldats nombreux se promènent en silence,
et semblent garder avec respect ce nouveau signe
de puissance. Guillaume s'avance étonné; bientôt
il voit le peuple d'Altorff se prosterner bassement
devant ce bonnet, devant cette pique, et les satellites armés courber plus près de la terre, avec
le fer de leurs lances, les fronts de ceux qui
s'humilient. Maître à peine de son indignation,

Tell s'arrête à ce spectacle ; il n'en peut croire ses yeux, il demeure muet, immobile, appuyé sur son grand arc, et regardant avec dédain ce peuple lâche et ces vils soldats.

Sarnem, qui commande la garde, Sarnem, dont le zèle féroce se plaît à surpasser les ordres qu'il a reçus du tyran, distingue bientôt cet homme, qui seul, au milieu d'un peuple courbé, lève une tête droite et fière. Il vole, le joint, et le regardant avec des yeux brûlans de fureur : Qui que tu sois, lui dit-il, tremble que je ne punisse ta lenteur à obéir aux ordres de Gesler ! Ne sais-tu pas la loi proclamée, qui oblige tout habitant d'Altorff à saluer avec respect ce signe de sa puissance ? Je l'ignorais, répond Guillaume, et je n'aurais jamais pensé que l'ivresse du pouvoir suprême pût en venir à cet excès de tyrannie et de démence. Mais il est justifié par la lâcheté de ce peuple. J'excuse, j'approuve Gesler ; il doit nous traiter en esclaves ; il ne peut pas assez mépriser des hommes assez bas pour se soumettre à des caprices aussi dégradans. Quant à moi, je ne baisse mon front que devant la divinité. Téméraire, reprend Sarnem, tu vas expier tant d'audace. Tombe à genoux, et désarme le bras qui va te punir. Le mien me punirait moi-même,

.6.

lui dit Tell en le regardant, si j'étais capable
de t'obéir.

A ce mot, et à un signe qu'a fait le cruel
Sarnem, une foule de ses satellites se jettent
aussitôt sur Guillaume. On lui arrache son arc,
on le dépouille de son carquois. Environné de
glaives brillans dirigés tous contre son sein, on
le conduit, on l'entraîne au palais du gouverneur.

Tranquille au milieu des soldats, sourd à
leurs menaces grossières, les bras croisés sur sa
poitrine, Guillaume paraît devant le tyran. Il
le considère d'un œil dédaigneux, laisse parler
sans l'interrompre celui qui se hâte de l'accu-
ser, et, dans un silence impassible, attend que
Gesler l'interroge.

Son air, son front, son visage calmes, éton-
nent, troublent le gouverneur. Une terreur involontaire, un pressentiment secret semblent
l'avertir qu'il voit devant lui celui qui doit punir ses crimes. Il craint de fixer sur lui ses regards, il hésite à l'interroger; enfin, d'une
voix altérée : Quel motif, dit-il, a pu te porter
à désobéir à mes ordres, à refuser au signe,
quel qu'il soit, de mon pouvoir, le respect,
l'hommage que tu me dois? Parle, défends-toi,
je peux pardonner. A ce mot, Tell le regarde
avec un sourire amer : Punis-moi, lui répond-

il, et ne me demande pas ma pensée. Tu n'entendis jamais la vérité, tu ne pourrais la soutenir. — Je veux l'entendre de ta bouche ; je veux que tu m'instruises toi-même de mes fautes et de mes devoirs. — Je n'instruis point les tyrans ; mais l'horreur que m'inspire leur présence n'ôte rien à mon courage ; mais je leur rappelle leurs crimes, et je leur prédis leur sort. Écoute-moi donc, Gesler, puisque tu consens à m'entendre.

La mesure est bientôt comblée ; la coupe du malheur, que le ciel irrité contre nous voulut remettre dans tes mains, déborde de toutes parts. Dieu épuisa sur nous par tes mains tous les traits de sa colère ; sa justice va te frapper. Entends les cris des innocens que tu retiens dans les cachots ; entends les cris des enfans, des veuves qui te redemandent leurs époux, leurs pères, expirés par ton ordre au milieu des tourmens. Vois leurs ombres sanglantes errer autour de ta demeure, te poursuivre dans ton sommeil, se présenter devant toi pour te montrer leurs larges blessures, leurs corps déchirés et palpitans. Leur sang jaillit sur tes mains et t'éveille au milieu de la nuit ; tu vois ce sang au milieu des ténèbres, tu le vois, et tes yeux en vain se ferment pour ne pas le voir. Le peu qui reste de vivans, abandonnant ses héritages,

ses biens, le fruit de son labeur à ton insatia-
ble avarice, s'enfuit et va se cacher au fond des
forêts, dans le creux des rocs. Là, que fait ce
peuple tremblant à qui ton nom seul cause plus
d'effroi que le bruit des monceaux de neige descendant du haut des montagnes pour ensevelir
nos villages, que fait-il? A genoux sur les rochers, il élève ses mains à Dieu, il lui demande
vengeance, il le supplie d'exterminer l'exter-
minateur des humains. Eh bien, Gesler, je te
l'annonce, ces prières de tout un peuple, ces
cris de tant d'innocens persécutés, dépouillés,
frappés, immolés par ton ordre, ce sang répandu sans cesse par tes mains, et dont la va-
peur épaisse forme un nuage autour de toi, ce
sang est monté jusqu'au ciel; nos voix plain-
tives sont arrivées au trône du Tout-Puissant,
sa justice va te frapper, ma patrie touche à sa
délivrance : tels sont mon espoir, mes vœux,
ma pensée. Tu me les demandes, je t'ai satisfait; je n'ai plus rien à te dire, car je ne veux
pas dégrader ma raison au point de te dire un
seul mot de l'ordre insensé, du délire qui fait
aujourd'hui fléchir les malheureux habitans
d'Uri devant le bonnet qui couvrait ta tête.
Tu sais tout, tu peux commander mon supplice.

Gesler écoutait en silence; sa colère se con-

tenait pour mieux assurer ses coups, sa rage
était suspendue par l'espérance de trouver, d'inventer un nouveau supplice qui le vengeât mieux
de cet homme qui semblait mépriser la mort. Il
songeait à ces deux enfans que la veille il fit
mettre aux fers. Il se rappelle leurs discours
hardis, et, les comparant à ceux qu'il entend,
son ingénieuse fureur soupçonne, pressent,
devine que ces enfans, déjà si fiers, si pénétrés
de la haine des tyrans, ne peuvent appartenir
qu'à celui qui vient de le braver. Il veut s'en
éclaircir sur l'heure, et donne l'ordre secret
qu'on amène les deux enfans.

Sarnem a couru les chercher. Pendant ce
temps le fourbe Gesler, dissimulant sa colère,
feignant de n'être point ému, interroge froide-
ment Guillaume sur son état, sur sa famille,
sur le rang qu'il tient dans Uri. Guillaume ne
cache point son nom, et ce nom, fameux dans
Altorff, frappe, épouvante le gouverneur. Quoi!
dit-il avec surprise, c'est toi dont l'adresse est
si renommée dans l'art de conduire une barque!
C'est toi dont les flèches toujours sûres n'ont
jamais manqué le but! Moi-même, lui répond
Tell, et je rougis que mon nom ne soit connu
que par des succès inutiles à ma patrie. Cette
vaine gloire est loin de valoir la mort que je
vais souffrir en prononçant le nom de liberté.

A l'instant même , Sarnem revient conduisant Claire et Gemmi. Dès que Tell aperçoit
son fils , il pousse un cri, s'élance vers lui :
O Gemmi ! dit-il , ô mon fils ! je peux t'embrasser encore ! et dans quels lieux......: pourquoi..... comment?..... Non , non , vous n'êtes
point mon père , lui répond aussitôt Gemmi,
qui voit le péril de Guillaume ; qui sait le sort
que Gesler prépare à ses malheureux parens ;
non ; je ne vous connais point ; ma famille n'est
point ici. Guillaume, étonné , demeure immobile, les bras ouverts , étendus, il ne peut comprendre pourquoi son fils se refuse à ses embrassemens et ose le méconnaître; Claire augmente sa surprise en confirmant ce qu'a dit
Gemmi , en répétant avec lui que Guillaume
n'est point leur père. Le cœur de Tell en murmure , il commence à s'en offenser ; et Gesler,
dont les yeux farouches observent tous leurs
mouvemens , Gesler, qui vient de pénétrer le
mystère qu'il voulait connaître , jouit à la fois
de la crainte, de la surprise, des douleurs et
du père et des enfans.

Une horrible joie se peint sur son front ; ses
regards brillent d'un feu sombre. On ne m'abuse
point , dit-il ; Guillaume, voilà ton fils, et ce
fils m'a offensé ; ma patience, depuis long-
temps, a souffert ici tes outrages , afin de

trouver une peine qui fût égale à ta témérité, je vais la prononcer, écoute :

Je veux, même en te punissant, rendre hommage à ce talent rare que vante ton heureux pays ; je veux qu'en contemplant ma justice, le peuple d'Altorff admire ton adresse : on va te rendre ton arc ; on placera ton fils devant toi, à la distance de cent pas ; une pomme sera sur sa tête, et deviendra le but de ta flèche. Si ta main, sûre de ses coups, enlève avec le trait la pomme, je vous fais grâce à tous deux, et je vous rends la liberté ; si tu refuses cette épreuve, ton fils, à tes yeux, va mourir. Barbare, lui répond Tell, quel démon sorti de l'enfer peut t'inspirer cette affreuse idée ? O Dieu juste, qui nous entends, souffrirez-vous cet horrible excès du génie de la cruauté ? Non, je n'accepte point l'épreuve ; non, je ne m'expose point à devenir le meurtrier de mon fils ; je te demande la mort, je l'implore de tes bourreaux ; ils sont tous ici ; tout ce qui t'entoure a trempé cent fois ses mains dans le sang. Qu'ils tournent leurs glaives sur moi, qu'ils les dirigent sur mon cœur : je te le demande, je t'en conjure ; mais que je meure innocent, mais que je meure homme et père. Écoute, Gesler, tes gardes nombreux, l'exemple de tout un peuple, la certitude, la vue du supplice, n'ont pu me faire fléchir devant toi ; j'ai préféré la mort à cette bassesse : eh bien, pour obtenir cette mort, pour échapper à l'affreux danger de percer moi-même le cœur de mon fils, je vais plier le genou devant toi, promets-moi le trépas, Gesler, et je m'abaisse devant ton orgueil.

Non, s'écrie aussitôt Gemmi, dont la voix touchante émeut de pitié les satellites qui l'environnent, non, ne vous rendez point à ses vœux, j'accepte, j'accepte l'épreuve. Quoi qu'il arrive, tu l'as promis, mon père sera délivré. Rassure-toi, mon digne père ; va, le ciel guidera ta main ; va, ton fils est en sûreté. Pardonne-moi si ma tendresse a voulu te méconnaître un instant : je tremblais pour toi, pour toi seul, et je quittais, pour te sauver, le bien qui m'est le plus cher au monde, le nom, le doux nom de ton fils. O mon père ! pardonne-moi ; mon père, mon père chéri, laisse-moi répéter cent fois ce nom que je m'étais interdit. Rassure-toi, tu ne me tueras point, une voix secrète me le prédit. Qu'on me conduise, qu'on me conduise ! et toi, Claire, va-t'en, mais garde-toi d'instruire ma mère.

Gemmi se jette alors dans le sein de Guillaume, qui le reçoit, qui l'embrasse, qui le presse contre son cœur ; il veut lui parler, il

ne peut que l'inonder de ses larmes ; il ne peut
que répéter d'une voix tremblante, étouffée :
Non, mon fils, non, mon cher fils ! Claire est
.. tombée évanouie ; les soldats l'emportent dans
le palais, et l'inflexible Gesler, sans être ému
de ce spectacle, répète son ordre terrible, offre pour la dernière fois à Guillaume le choix
affreux de voir périr son fils, ou de se soumettre à l'épreuve. Guillaume l'écoute, la tête
baissée, demeure quelques instants sans répondre, tenant toujours Gemmi dans ses bras ;
puis relevant tout-à-coup la tête, et regardant
le gouverneur avec des yeux rouges de pleurs,
étincelans d'indignation : J'obéirai, répond-il ;
que l'on me conduise à la place.

Le père et le fils, se tenant par la main,
sont aussitôt environnés de gardes. Ils descendent ensemble du palais, sous la conduite de
Sarnem. Tout le peuple, informé déjà de l'affreux spectacle qu'on va lui donner, se précipite vers la place. Presque tous gémissent au
fond de leur âme, mais aucun d'eux n'ose exprimer le sentiment de la pitié. Leurs regards
timides cherchent Guillaume ; ils le découvrent
au milieu des lances, marchant à côté de Gemmi,
qui le regarde en souriant. Les larmes viennent dans les yeux en regadant le visage du

père; mais la terreur retient ces larmes; Gesler les punirait comme un crime. Tous les yeux se reportent à terre; un morne silence règne dans le peuple; il gémit; il souffre et se tait.

L'espace est déjà mesuré par le farouche Sarnem; une double haie de soldats ferme de trois côtés cet espace. Le peuple se presse derrière eux; Gemmi, debout à l'extrémité, considère tous ces apprêts d'un œil tranquille et serein. Gesler, loin derrière Tell, se tient au milieu de sa garde, observant d'un air inquiet le silence morne du peuple; et Guillaume, entouré de lances, demeure immobile, les yeux vers la terre. On lui présente son arc avec une seule flèche; après en avoir essayé la pointe, il la brise, la rejette et demande son carquois : on le lui apporte; il le vide à ses pieds, cherche, choisit parmi tous ses traits, demeure longtemps baissé, saisit un instant favorable et cache une flèche sous ses vêtemens; il en tient une autre à la main, c'est celle qui doit lui servir. Sarnem fait enlever les autres, et Guillaume, avec lenteur, bande la corde de son grand arc.

Il regarde son fils, s'arrête, lève les yeux vers le ciel, jette son arc et sa flèche, et demande à parler à Gemmi. Quatre soldats le mènent vers lui : Mon fils, dit-il, j'ai besoin de

venir t'embrasser encore, de te répéter ce que
je t'ai dit. Sois immobile, mon fils; pose un
genou en terre, tu seras plus sûr, ce me semble, de ne point faire de mouvement; tu prieras
Dieu, mon fils, de protéger ton malheureux
père. Ah! ne le prie que pour toi, que mon
idée ne vienne pas t'attendrir, affaiblir peut-
être ce mâle courage que j'admire sans l'imiter.
O mon enfant! oui, je ne puis me montrer
aussi grand que toi. Soutiens, soutiens cette
fermeté dont je devrais te donner l'exemple.
Oui, demeure ainsi, mon enfant, te voilà comme
je te veux....... Comme je te veux! malheureux
que je suis! et vous le souffrez, ô mon Dieu!...
Écoute.... Détourne la tête.... Tu ne sais pas,
tu ne peux prévoir l'effet que produira sur toi
cette pointe, ce fer brillant dirigé contre ton
front. Détourne la tête, mon fils, et ne me regarde pas. Non, non, lui répond l'enfant, ne
craignez rien, je veux vous regarder; je ne
verrai point la flèche, je ne verrai que mon
père. Ah! mon cher fils, s'écrie Tell, ne me
parle pas, ne me parle pas! ta voix, ton accent
m'ôterait ma force. Tais-toi, prie Dieu, ne
remue pas.

Guillaume l'embrasse en disant ces mots,
veut le quitter, l'embrasse encore, répète ces
dernières paroles, pose la pomme sur sa tête,

et se retournant brusquement, regagne sa place
à pas précipités.

Là, il reprend son arc, sa flèche, reporte
ses yeux vers ce but si cher, essaie deux fois de
lever son arc, et deux fois ses mains paternelles
le laissent retomber. Enfin, rappelant toute son
adresse, toute sa force, tout son courage; il essuie les larmes qui viennent toujours obscurcir
sa vue; il invoque le Tout-Puissant, qui du
haut du ciel veille sur les pères; et, raidissant
son bras qui tremble, il force, accoutume son
œil à ne regarder que la pomme. Profitant de
ce seul instant, aussi rapide que la pensée, où il
parvient à oublier son fils, il vise, tire, lance
son trait, et la pomme emportée vole avec lui.

La place retentit des cris de joie; Gemmi
vole embrasser son père. Celui-ci, pâle, immobile, épuisé de l'effort qu'il a fait, ne lui rend
point ses caresses. Il le regarde avec des yeux
éteints, il ne peut parler, il entend à peine tout
ce que lui dit son fils; il chancelle, est prêt à
tomber; il tombe dans les bras de Gemmi, qui
se hâte de le secourir, et qui découvre la flèche
cachée sous son vêtement.

Déjà Gesler était près de lui, Gesler s'empare
de la flèche. Guillaume reprend ses sens et détourne promptement la vue à l'aspect du cruel
Gesler. Archer sans pareil, lui dit celui-ci; j'ac-

quitterai ma promesse, je te paierai le prix de ta rare habileté; mais auparavant, réponds-moi : que voulais-tu faire de cette flèche que tu dérobais à mes yeux? Une seule t'était nécessaire; pourquoi gardais-tu celle-ci? — Pour te percer le cœur, tyran, si ma malheureuse main avait tranché les jours de mon fils. A ce mot, qu'un père n'a pu retenir, le gouverneur effrayé rentre au milieu de ses satellites. Il révoque sa promesse, il ordonne au cruel Sarnem de faire aussitôt enchaîner Guillaume, et de le conduire dans le fort. On obéit; on vient l'arracher aux embrassemens de Gemmi, qui veut en vain accompagner son père; les gardes repoussent Gemmi. Le peuple murmure, s'émeut; Gesler se hâte de se retirer dans son palais, fait prendre les armes à toutes ses troupes. Des pelotons nombreux d'Autrichiens parcourent toute la ville, forcent les habitans effrayés de se cacher dans leurs maisons. La terreur règne dans Altorff, et les bourreaux, déjà prêts, attendent de nouvelles victimes.

FIN DU TROISIÈME LIVRE.

LIVRE QUATRIÈME.

—

Tandis que le tyran inquiet se renfermait dans son fort, bordait ses remparts de soldats, et tremblait que le peuple irrité ne vînt lui enlever Guillaume, Gemmi, le malheureux Gemmi, les yeux en pleurs, les bras étendus, redemandant son père à tous ceux qu'il rencontrait; repoussé partout par les féroces satellites qui gardaient les avenues, Gemmi errait autour des murs du fort, en poussant des cris douloureux. Claire, qu'on avait retenue dans le palais pendant l'horrible spectacle, s'était échappée enfin, et cherchait de toutes parts Gemmi. Elle le revoit, vole dans ses bras, et veut essuyer ses larmes. Mon père est dans les fers, lui dit Gemmi, mon malheureux père va périr. Claire, écoute-moi; j'ai perdu l'espoir de pénétrer dans sa prison, d'y rester, de le servir, de terminer ma vie avec lui; je vais tenter le seul moyen qui me reste de le sauver; je vais courir en Underwald; j'avertirai ton père des dangers de son ami; Melctal a des amis, du courage, des armes; Melctal viendra

le délivrer. Je te demande, ma bonne Claire,
de retourner auprès de ma mère, de lui dire ce
qui s'est passé, ce que je tente dans ce moment.
Va, Claire, va la consoler; je ne reviendrai plus
qu'avec Melctal; je périrai ou je sauverai mon
père; c'est à toi de me remplacer près de ma
bonne mère.

Il dit, et, quittant aussitôt Claire, il marche
à pas précipités, sort de la ville, et gagne les
montagnes.

Claire se hâte de retourner à la chaumière
de Tell, où le vieux Henri, où la bonne Edmée,
loin de Guillaume, loin de leurs enfans, dont ils
ignoraient le sort, se consumaient dans l'inquiétude. L'arrivée de Claire, pâle, saisie d'effroi,
baignée de larmes, redoubla les terreurs d'Edmée. Elle se lève, court au-devant d'elle, en
s'écriant: Gemmi! Gemmi! qu'est devenu mon
enfant? Il est vivant, il est libre, lui répond
aussitôt Claire, qui se précipite dans les bras
du vieux aveugle. Elle l'embrasse, embrasse
Edmée; et d'une voix qu'elle peut à peine raf-
fermir, elle raconte tout ce qui leur est arrivé
avec le cruel Gesler; comment ils furent tirés
de prison pour être conduits devant Guillaume,
et l'horrible épreuve à laquelle furent soumis
le père et l'enfant. Elle ignore tout le reste;
mais Guillaume est dans les fers; Gemmi, pour

délivrer son père, est allé chercher Melctal;
Tell est menacé de la mort; le gouverneur l'a
jurée.

A ce récit, Edmée, accablée, retombe presque mourante sur le siége qu'elle avait quitté;
le vieillard aveugle, hors de lui-même, se met
à pousser des cris lamentables. Il veut qu'on le
mène à son fils, il veut aller combattre avec
lui, périr pour délivrer Guillaume. La jeune
Claire contient le vieillard, secourt Edmée évanouie; ne peut suffire aux tendres soins néces-
saires aux deux infortunés.

Enfin, après les premiers instans d'une douleur
si profonde et si vive, le vieux Henri, rappelant
sa raison, son courage et sa prudence, saisit les
deux mains d'Edmée, et les serrant contre son
cœur : Ne pleure pas, lui dit-il, ô ma vertueuse
amie! ne perdons pas dans les larmes un temps
précieux qu'il faut employer. Gemmi est en
Underwald, peu d'heures doivent lui suffire
pour se rendre auprès de mon fils. Je connais
Melctal; dès cette nuit même, Melctal, suivi
de tous ses amis, va prendre la route d'Altorff.
Il arrivera demain au matin, il tentera tout pour
sauver Guillaume. Mais le peu d'amis qu'il doit
amener ne peut suffire à ce grand projet. J'en
ai quelques-uns dans la ville; je vais réveiller
leur courage, les exciter, les encourager. Ils me

conduiront sur la place; ils me conduiront au
milieu du peuple aux premiers rayons du soleil. Là, je parlerai; là, je montrerai les blessures encore récentes que j'ai reçues de Gesler ;
je montrerai la place de mes yeux arrachés par
ses mains féroces. Mon grand âge, mes cheveux
blancs, mon visage défiguré, mon sang qui
souille encore mes habits, les pleurs de cette
faible enfant, tout aidera mon éloquence : je
l'espère, j'en suis certain, le peuple ému voudra
me venger ; le peuple grossira la foule des amis
que j'aurai rassemblés. Mon fils et le vôtre vien-
dront; ils trouveront une troupe prête à se
réunir à eux. Nous attaquerons le fort. Je res-
terai au milieu des coups pour animer nos braves
soldats; je leur crierai : Vengeance ! Je ferai
retentir sans cesse les noms de patrie et de liberté. Ils me porteront, si je ne puis les suivre ; ils me porteront jusqu'à ton époux, que
nous ramènerons dans tes bras. Oui, j'en suis
sûr, Dieu, qui m'inspire, m'annonce déjà la victoire. Viens, ma fille, partons à l'instant; viens
me donner mon bâton, et me prêter l'appui de
ton bras. La nuit ne doit pas être loin; viens,
la nuit doit nous être utile.

J'approuve ce projet, dit Edmée, et c'est
moi qui veux te conduire ; mais, avant de quitter ces lieux, daigne m'entendre et me donner

conseil. Je suis instruite, sans qu'il me l'ait dit, que mon époux depuis long-temps médite le grand dessein de délivrer sa patrie. Ses voyages secrets en Schwitz, eu Underwald, dans l'Urseren, l'amas d'armes qu'il avait cachées, et ses absences nocturnes, et la préoccupation que je lisais sur son visage, tout m'a confirmé dès long-temps qu'une conjuration, dont Guillaume est l'âme, se trame dans les trois cantons. J'ignore les noms des autres chefs, mais croyez que ces chefs existent, et qu'un moment, un signal sans doute sont assignés, convenus entre eux. Je n'ai pu pénétrer quel est ce signal; mais il y a peu de jours que je fus frappée, comme d'un trait de lumière, d'un mot échappé à mon époux. Ce mot et d'autres encore m'ont fait soupçonner, m'ont fait croire que le signal des conjurés est un bûcher allumé sur le haut de cette montagne. Le temps et les forces nous manquent pour élever, cette nuit même, pour embraser ce bûcher. Mais une voix secrète me dit que, si nous pouvions parvenir à faire briller cette flamme, tous les amis de mon époux accourraient pour le délivrer. Je te consulte, Melctal; ma faible main suffit pour mettre le feu à la maison qui nous sert d'asile. Elle est dans le lieu le plus élevé. Ce vaste incendie doit être aperçu de tous les habitans des trois can-

tons. Que m'importent ma maison, mes biens,
lorsque mon époux va périr? Si je le sauve, tu
nous recevras; si je le perds, il ne nous faut
qu'une tombe.

Elle dit, et le vieux Henri l'encourage dans
ce dessein. Edmée aussitôt va saisir un faisceau
de branches sèches, l'allume dans le foyer, jette
autour d'elle les bois enflammés, les répand,
les attise elle-même, brûle sans regret, sans
douleur, et le berceau de son enfant, et le chaste
lit de l'hymen, augmente partout la flamme;
et, lorsqu'elle s'est assurée que rien désormais
ne pourra l'éteindre, elle prend le bras du vieillard, qui de l'autre main s'appuie sur Claire,
et, descendant avec eux de la montagne escarpée, elle prend le chemin d'Altorff.

Pendant qu'au milieu du vaste silence que
la terreur répand dans la ville, le vieillard, l'é-
pouse, l'enfant malheureux, vont frapper à la
porte de leurs amis, les feux allumés par la main
d'Edmée s'augmentent et gagnent le chaume qui
formait seul le toit de la maison. Le chaume
s'allume et pétille; la flamme devient plus brillante, jette autour d'elle une vaste lumière, et
se distingue au loin dans les airs. Verner l'a-
perçoit dans Schwitz; le bouillant Melctal, que
Gemmi n'avait encore pu rejoindre, tressaille
de joie à cette vue; et Furst, au milieu d'Urse-

ren, ne doute point que Guillaume, à la tête
des braves d'Altorff, ne l'appelle à son secours.
Ces trois chefs, dans le même instant, s'ar-
ment, sortent de leurs demeures, vont chercher
leurs amis fidèles, les appellent à la liberté.
Leurs amis s'éveillent, saisissent leurs armes, se
rassemblent dans le silence, se forment en bataillons; et, de trois côtés, presque au même
instant, les trois chefs marchent vers Altorff,
suivis d'une troupe faible par le nombre, mais
forte par le courage, mais résolue à périr ou à
délivrer son pays.

Tous précipitent leurs pas; tous, retardés
dans leur marche par les neiges, par les torrens,
par les chemins non frayés, tremblent d'arriver
trop tard à ce fort, ce fort redoutable qu'il faut
attaquer à la fois, qu'il faut prendre avec le
tyran. Mais le tyran, inquiet, alarmé des mouvemens qu'il a vus dans le peuple, craignant
pour son prisonnier, tremblant pour sa propre
vie, avait déjà pris de nouvelles mesures, dont
une seule rendait vaines toutes celles des trois
conjurés. Gesler, au déclin de ce même jour,
réfléchissant que sa forteresse, remplie de nombreux soldats, n'avait pas assez de vivres pour
soutenir un long siége, craignant, non pas de
se voir forcé dans cet asile imprenable, mais de
ne pouvoir communiquer avec le reste de son

armée répandue autour de Lucerne ; Gesler avait fait appeler Sarnem pour lui donner cet ordre nouveau :

Ami, lui dit-il, je quitte ces lieux, où tu commanderas en mon absence. Je te laisse mes braves soldats, qui n'obéiront qu'à ta voix. Ce vil peuple, que je dois punir de son insolent murmure, sera bientôt écrasé par les renforts que je vais chercher. Fais-moi préparer une grande barque, où cinquante hommes, choisis dans ma garde, puissent partir ce soir avec moi. Dès que la nuit voilera la terre, tu feras conduire dans cette barque ce téméraire Guillaume, qui n'a pas craint de me braver ; surtout qu'il soit chargé de fers, qu'il soit au milieu de ma garde. Je veux le conduire moi-même dans le fort château de Kusnach, à l'extrémité du lac de Lucerne. Là, mieux gardé que dans ces lieux, il attendra dans les cachots que, de retour avec mes troupes, je puisse par ses longs tourmens apprendre aux habitans d'Altorff ce que l'on gagne à m'outrager.

Sarnem, fier de se voir choisi pour remplacer le gouverneur, se hâte d'obéir à ses ordres. Bientôt la barque est préparée ; bientôt cinquante archers d'élite sont guidés par Sarnem lui-même à la porte du cachot de Tell. Le héros, chargé de chaînes pesantes qui lui laissent à peine la faculté de se mouvoir, est mis sous la garde de cinquante archers ; et, dès que la nuit a voilé la terre, on le conduit en silence, on le traîne vers le rivage, où Gesler, seul et déguisé, s'était en secret rendu. Gesler fait jeter le captif au fond de la barque, l'environne de ses archers, s'assied à la proue, fait prodiguer de l'or et du vin à ses soldats, à ses rameurs, et part sans être aperçu.

La barque vole sur les flots. L'air était pur, l'onde tranquille, les étoiles brillaient dans le ciel. Un vent léger du midi venait aider aux efforts des rameurs et tempérait la rigueur du froid, que la nuit, la saison, les glaces voisines devaient rendre plus insupportable. Tout favorise Gesler. Il parcourt l'étroite longueur du premier lac des quatre cantons, se dirige droit vers Brunnen pour traverser le détroit qui doit le conduire dans le second lac. Tell, pendant ce temps, accablé de ses chaînes, Tell, couché par terre, au milieu des gardes, reconnaît sur la rive gauche les rochers déserts de Grutti, et cette caverne où, la veille encore, il méditait avec ses amis la liberté de sa patrie. Cette vue, ce souvenir, font chanceler son courage. Guillaume sentit venir dans ses yeux des larmes dont il eût rougi. Les dévorant aussitôt, Guillaume détourne la tête, Guillaume regarde le ciel, qui

semble l'abandonner. Dans ce moment, du côté
d'Altorff, il découvre une lueur rougeâtre.
Bientôt cette lueur s'augmente, et Tell aperçoit
une longue flamme qui s'élève au-dessus d'Uri.
Son cœur tressaille à cette vue ; il ne peut
comprendre d'où vient ce signal, dont il n'a
confié le secret à personne. Il doute, examine,
s'assure que cette flamme semble partir de la
montagne où est sa maison. Il en remercie le
ciel, sans savoir encore si c'est un bienfait ; il
n'espère point, il ne pense pas que cet événe-
ment peut sauver ses jours ; mais il peut sauver
sa patrie : cette idée lui fait oublier son propre
péril.

Gesler et ses satellites ont comme lui aperçu
cette flamme. Ils se la montrent avec surprise ;
ils l'attribuent à quelque incendie, et s'embar-
rassent peu d'un malheur qui n'intéresse que
leurs ennemis. Gesler presse ses rameurs ; Gesler, impatient d'arriver, ordonne qu'on redouble d'efforts. La barque tourne à l'occident,
passe le détroit, vogue dans les eaux plus profondes du lac dangereux d'Underwald. Là,
tout-à-coup le vent du midi cesse de pousser
la rapide barque. L'aquilon et le vent d'ouest
règnent dans les airs agités. L'un, précédé des
tempêtes, soulève, amoncèle les flots, les porte,
les brise en sifflant contre les flancs de la bar-

que, qui, cédant à sa furie, à ses coups violens,
redoublés, dérive, malgré les rameurs, et fuit
penchée vers la côte ; l'autre, amenant les frimas, et les nuages et la neige, couvre le ciel
d'un voile funèbre, répand les ténèbres sur
l'onde, frappe le visage, les mains des rameurs
de pointes piquantes de glace, les force de quitter la manœuvre, dérobe à leurs yeux abaissés
jusqu'à la vue de leurs périls, remplit la barque de glaçons mêlés à l'abondante neige, s'oppose de front à sa marche, et, combattant avec
l'aquilon qui l'attaque par le côté, la fait tourner rapidement sur sa quille, la tient ainsi suspendue sur le sommet des vagues blanchies, et,
l'abandonnant par instans, la précipite au fond
des abîmes.

Les soldats, pâles, consternés, ne doutant
plus d'une mort prochaine, tombent à genoux,
implorent le Dieu qu'ils ont oublié si long-temps.
Le lâche Gesler, plus tremblant encore, va,
vient, demande aux rameurs, en leur promettant ses trésors, s'ils ont l'espérance de sauver
ses jours. Les rameurs, immobiles, mornes,
ne lui répondent que par le silence. Des pleurs,
des pleurs déshonorans de faiblesse et de lâcheté, baignent pour la première fois les yeux
féroces du gouverneur. Il va périr, il en est
sûr ; ses richesses et sa puissance, et ses sup-

plices et ses bourreaux, ne peuvent le sauver
du trépas; il pleure, il regrette la vie, il ne
pourra plus s'enivrer de sang.

Tell, tranquille à sa même place, moins ému
des cris des soldats, du bruit des vagues écu-
mantes, des sifflemens des vents déchaînés,
qu'il ne le fut en découvrant la caverne de
Grutti, Tell attendait le trépas, et ne songeait
qu'à l'avantage que pourrait tirer son pays de
la mort du gouverneur. Il jouissait en silence
de la peur, des gémissemens, du tourment
qu'éprouvait Gesler, lorsqu'un des rameurs,
tout-à-coup s'adressant à cet homme cruel :
Nous sommes perdus, dit-il; il n'est plus en
notre puissance de contenir au milieu des flots
la barque emportée par le vent du nord, qui,
dans un instant, va la briser en pièces contre
les rochers du rivage. Un seul homme, le plus
renommé, le plus habile de nos trois cantons
dans l'art de braver les tempêtes du lac, peut
nous sauver de la mort. Cet homme est ici : le
voilà ! le voilà chargé de tes chaînes ! Choisis,
Gesler, choisis promptement entre le trépas ou
sa liberté. Gesler frémit à cette parole. Sa haine
violente pour Tell combat dans son âme pusil-
lanime l'amour même qu'il a pour la vie : il hésite encore, il ne répond point; mais les prières, les murmures des soldats et des rameurs,

8.

qui lui demandent, qui le pressent de sauver leurs jours et les siens en délivrant son prisonnier ; la crainte d'être mal obéi s'il se refuse aux vœux de tous, et la tempête qui s'augmente, déterminent enfin Gesler. Qu'on brise ses chaînes, dit-il ; je lui pardonne tous ses crimes, je lui rends la vie et la liberté si son adresse nous amène au port.

Les soldats, les rameurs, s'empressent de rendre libre Guillaume. Ses fers sont tombés, il se lève, et, sans prononcer un seul mot, il s'empare du gouvernail. Faisant mouvoir sous sa main la barque, comme l'enfant fait plier la baguette qu'il tourne à son gré, il oppose la proue aux deux vents, dont les forces ainsi divisées la tiennent en équilibre. Profitant ensuite d'un moment de calme, aussi rapide que l'éclair, il tourne de la proue à la poupe, contient la barque dans la direction qui seule peut la sauver, fait prendre les rames à deux seuls rameurs, dont il dirige les efforts, et s'avance, malgré les vents, malgré les flots et la tempête, vers le détroit qu'il veut repasser. Les ténèbres empêchent Gesler de s'apercevoir qu'il retourne aux mêmes lieux d'où il est parti. Guillaume continue sa marche ; la nuit presque entière s'écoule ; mais il est rentré dans le lac d'Uri ; mais il aperçoit la lueur mourante du signal donné sur le mont d'Altorff. C'est cette lueur qui lui sert d'étoile; il connaît le lac dès long-temps; il en évite les écueils, et s'approche pourtant du rivage qui borde le canton de Schwitz; il pense à Verner; il calcule que Verner doit être en marche, et que les chemins encombrés de neige le forceront de côtoyer le lac. Dans ce faible espoir, il navigue, en feignant d'ignorer les lieux où la tempête pousse la barque, en augmentant les terreurs de Gesler et de ses soldats.

Enfin l'orient se colore, et la tempête semble s'apaiser aux premiers rayons de l'aurore. Le jour naissant découvre à Tell les roches voisines d'Altorff, avant que le tyran, qu'il craint, ait eu le temps de les reconnaître. Guillaume y dirige sa barque et la fait marcher plus rapidement. Gesler, dont la férocité revient à mesure que le danger s'éloigne, observe Guillaume avec des yeux sombres. Il veut, il n'ose pas encore le faire charger de liens. Ses soldats et ses matelots reconnaissent bientôt où ils sont, en instruisent le gouverneur, qui, s'avançant vers Tell avec colère, lui demande d'une voix terrible pourquoi la barque qu'il a guidée a repris le chemin d'Altorff. Guillaume, sans lui répondre, pousse la barque droit à un rocher peu éloigné de la rive, saisit d'une main prompte l'arc et la flèche qu'un archer tenait à la main, et, rapide comme l'éclair, s'élance de la barque sur le rocher. Là, sans s'arrêter, il bondit comme le chamois des montagnes, saute sur un autre roc, qui le fait voler au rivage, gravit aussitôt la roche escarpée, et se montre sur le sommet, semblable à l'aigle des Alpes quand il se repose auprès des nuages, et qu'il promène ses yeux perçans sur les troupeaux des vallons.

Le gouverneur, étonné, pousse un cri de fureur, de rage. Il commande aussitôt qu'on débarque, et que ses soldats dispersés environnent de toutes parts le roc où il voit le héros. On obéit; les archers descendent et préparent déjà leurs arcs. Gesler, qui marche au milieu d'eux, veut que leurs flèches réunies s'abreuvent toutes du sang de Guillaume. Guillaume aussi a ses desseins. Il ne s'arrête, il ne se montre que pour attirer l'ennemi. Il laisse approcher cette troupe armée jusqu'à la juste distance où le trait qu'il tient peut donner la mort. Il regarde, fixe Gesler, pose sa flèche sur sa corde, et, l'adressant au cœur du tyran, il la fait voler dans les airs. La flèche vole, siffle, frappe au milieu du cœur de Gesler. Le tyran tombe, vomit un sang noir, bégaie sa fureur, sa rage; et son âme atroce s'exhale au milieu des imprécations. Guillaume a déjà disparu; Guillaume, plus léger que le faon, s'est précipité du som-

met du roc; il court, il vole sur la glace; il gagne, traverse des sentiers déserts, et prend le
chemin d'Altorff.

Bientôt il trouve dans la neige les traces récentes des nombreux amis que Verner, dans
cette nuit même, a fait partir avec lui de Schwitz.
Guillaume les suit; il court, il approche, et le
tumulte, les cris, le bruit éclatant des armes,
viennent de loin frapper son oreille; il vole,
arrive sur la place; elle est pleine, elle est oc-
cupée par trois bataillons de héros. Verner, à
la tête des guerriers de Schwitz, veut que l'on
s'assure des portes avant de commencer l'attaque
du fort; Furst, avec les braves d'Uri, sollicite
le poste le plus dangereux; Melctal, suivi des
troupes d'Underwald, agite dans l'air sa pesante
hache, et demande à grands cris l'assaut. Gemmi, qui ne le quitte point; Gemmi, armé d'une
longue lance, prononce le nom de Guillaume,
demande son père à tous les soldats, et montre
de loin la prison où il croit encore qu'on retient
Guillaume. Le vieux Henri, Claire, Edmée,
se mêlent aux braves soldats, parcourent les
rangs, les diverses troupes, et pressent l'instant
de l'attaque.

Tout-à-coup Guillaume paraît au milieu des
trois bataillons. Un cri général retentit et se pro-
longe dans les montagnes. Un silence profond

lui succède. Tous attendent l'ordre de Tell,
tous veulent obéir à lui seul. Amis, s'écrie le
héros, Gesler n'est plus ; cet arc, cette main
viennent de punir ses crimes. Le corps de Gesler, étendu sur le rivage du lac, est entouré de
vils satellites que la terreur disperse déjà. Rien
n'est à craindre du dehors. La patrie est vengée,
mais elle n'est pas libre. Elle ne le sera jamais
tant qu'il restera une seule pierre du fort qui
frappe vos regards. Attaquons ce fort redoutable, seule espérance, seul secours des féroces
Autrichiens. Que nos trois troupes montent
ensemble ; que les plus braves marchent les premiers.

Il dit, et, de sa main gauche saisissant le
drapeau d'Uri, il prend de la droite une hache,
et s'élance vers la montagne. Furst et sa troupe
le suivent de près ; Schwitz et Verner se précipitent ; Melctal avec Underwald est déjà à
moitié chemin, et Gemmi s'avance à côté de
son père. Sarnem les attend ; Sarnem se prépare.
Une nuée de flèches, de traits, part aussitôt
du haut des remparts. Les braves assaillans
méprisent ces flèches : elles n'arrêtent point leur
course ; ils montent, sans y répondre, avec leurs
arcs. Ils parviennent au pied des murailles.
Alors le terrible Sarnem, à un signal qu'il donne
aux siens, fait précipiter des créneaux une foule

de rochers, de pierres, que suivent la poix et l'huile bouillantes. Les braves des trois cantons sont partout atteints, renversés; l'huile les consume sous leurs vêtemens. Ils expirent au milieu des douleurs aiguës; il mordent la pierre en jetant des cris; mais ces cris sont encore pour la liberté. Les mourans, malgré leur supplice, exhortent, excitent leurs compagnons, les encouragent à marcher sur leurs corps, à s'en faire des échelons pour arriver au haut des remparts. Les Autrichiens insultent à leurs maux; Sarnem, placé entre deux créneaux, rit de leurs impuissans efforts; Sarnem anime ses soldats, et sa présence, son courage prolongent long-temps cette vive attaque.

Guillaume, au milieu des morts, des mourans, montait toujours d'un air intrépide; mais, tout-à-coup alarmé du grand nombre de soldats qu'il perd, il s'arrête, appelle Melctal, et, se reprochant d'avoir trop écouté les conseils de la seule valeur en faisant une attaque unique, il l'exhorte, il lui commande de se retirer du combat, d'emmener avec lui ses braves, et d'aller attaquer le côté de l'est, tandis que Verner et lui-même redoubleront de fureur pour empêcher l'ennemi d'apercevoir ce mouvement. Melctal obéit; Guillaume et Verner redonnent un nouveau signal, poussent des cris plus forts encore, et Sarnem et ses satellites, occupés du nouvel assaut, réunissent tous leurs efforts pour résister à Guillaume. Pendant ce temps, Melctal et les siens volent, arrivent à la porte de l'est, mal défendue par un faible poste. Melctal la frappe de sa hache ; Melctal fait apporter du feu : la porte brûle, et Melctal s'élance ; Melctal pénètre dans le fort avec ses amis d'Underwald. Tout cède, tout fuit, tout meurt. Sarnem, occupé de résister à Tell, entend les cris des fuyards, distingue ceux des vainqueurs. Il veut courir au-devant d'eux, il se retourne, et Melctal paraît ; Melctal, rapide comme la foudre, lui porte un coup de sa hache, partage en deux son front odieux, et, s'avançant aux créneaux, tend les mains et crie victoire. Guillaume le joint aussitôt ; le drapeau d'Uri flotte et brille au-dessus du fort redoutable. Guillaume, Melctal et Verner, debout sur un monceau de morts, adressent à Dieu des actions de grâces, et répondent aux acclamations du peuple qu'ils ont délivré.

Bientôt le fort est débarrassé des cadavres dont il est rempli ; les troupes des trois cantons environnent, pressent leurs chefs, les portent au milieu des habitans d'Altorff, qui, rassemblés sur la place, accourent de toutes parts pour voir leurs libérateurs, pour confier à leur

génie, à leur courage, à leurs talens, la défense
de la liberté. Mais Guillaume leur demande
silence, Guillaume leur adresse ce discours :

Citoyens, vous êtes libres ; mais cette liberté
précieuse est peut-être plus difficile à conserver
qu'à conquérir. Pour l'un le courage suffit,
pour l'autre il faut des vertus austères, con-
stantes, inébranlables. Gardez-vous de l'ivresse
de la victoire, gardez-vous surtout de l'idolâtrie pour ceux qui la remportèrent avec vous.
Vous parlez déjà de nous faire vos chefs, tandis que la récompense que je prétends de mes
travaux, la seule que mon cœur envie, c'est de
devenir soldat, c'est de rentrer dans cette éga-
lité, charme pur et doux des cœurs républi-
cains. Dans une république, amis, nous sommes tous utiles. Malheur à l'homme qui se croit
nécessaire ! malheur au peuple qui ne le punit
pas de cette seule pensée !

Assemblez-vous pour peser, dans la méditation de la sagesse, et vos intérêts et vos nouveaux desseins ; que chacun puisse, selon les
lois, penser, exprimer, conseiller tout ce qu'il
croit utile à la patrie ; que cette liberté soit donnée à tout citoyen âgé de vingt ans. Aussitôt
qu'on aime son pays, on a le droit de s'occuper de lui, de lui donner le tribut de sa force
et de ses lumières. Nommez un landamme ; que

ce nom antique, respecté de nos aïeux, le soit davantage par nous; que le conseil le dirige, et qu'il contienne le conseil. Faites des lois : sans lois, que deviendrez-vous? La liberté n'est que l'esclavage des lois sages. Gardez vos mœurs, qu'elles deviennent même plus austères : sans vertus, point de liberté. Le républicain s'est placé, par ce nom, entre les anges et les hommes; qu'il soit donc meilleur, qu'il soit donc plus grand que tous les hommes dont il est entouré.

Pour moi, citoyens, je ne veux, je ne demande, je n'accepte de vous que le nom de votre frère, que le droit de combattre dans vos rangs. Attendez-vous à de nouveaux combats; attendez-vous que l'empereur voudra reprendre le sceptre que nous venons de briser. Préparez-vous à soutenir ses efforts; préparez-vous aux batailles; ne comptez que sur Dieu et sur vos bras : appelez pourtant à la liberté les autres cantons de la Suisse. Ou je me trompe, ou leurs cœurs répondront à votre voix : alors, à force de travaux, de vertus et de courage, vous fonderez une république qui deviendra l'admiration et l'effroi de l'Europe entière. Alors les rois brigueront le nom de vos alliés, et se croiront invincibles lorsqu'ils auront des Suisses pour les défendre. Alors, en jouissant de la gloire

et des armes et de la sagesse, vous lui préfére-
rez pourtant la gloire d'être libres et heureux.

Il dit, tout le peuple applaudit : le peuple
sur-le-champ procède à l'élection de ses magistrats. Tell, Verner, Melctal, redevenus
simples citoyens, reçoivent pour leur récompense une couronne de chêne. Ils rentrent, se
confondent au milieu du peuple, qui résista
pendant deux cents ans à tous les efforts de
l'Empire, et fonda sa liberté sur ses victoires.

FIN DE GUILLAUME TELL.

ÉLIÉZER.

PRÉFACE.

Je voyageais, il y a quelques années, dans l'ancien comtat d'Avignon, lorsque, passant auprès de la petite ville de l'Isle, je voulus aller visiter la fontaine de Vaucluse. En revenant de ce lieu célèbre, vers les dix heures du matin, je découvris, à l'ombre de deux mûriers plantés au bord de la Sorgue, une jeune femme et un jeune homme, assis tous deux sur le gazon. Leurs habits simples n'annonçaient ni la richesse ni l'indigence. Le jeune homme, sans être beau, avait une physionomie prévenante. La jeune femme était grande, belle, et sa beauté devenait plus frappante par son caractère étranger. Son visage ovale, ses longs yeux noirs semblaient porter une empreinte d'infortune et de dignité. Je m'arrêtai pour la considérer : elle écoutait avec beaucoup d'attention la lecture d'un manuscrit que le jeune homme tenait sur ses genoux. Je m'approchai sans être aperçu, et je distinguai bientôt que cette lecture n'était pas en français. Ils paraissaient tous deux s'y

complaire : ils s'interrompaient quelquefois pour
se parler dans la même langue que celle du
manuscrit, se pressaient la main , se regardaient
avec tendresse ; je crus même remarquer que
leurs yeux étaient baignés de larmes.

Quoique je n'entendisse pas un seul mot de
ce qu'ils disaient, j'aurais long-temps écouté , si
la jeune femme , en m'apercevant , n'eût fait
signe au jeune homme de s'en aller. C'est à moi,
lui dis-je , de me retirer , puisque ma présence
vous importune. Je suis étranger ; je reviens de
Vaucluse, et j'avais perdu mon chemin, quand,
vous voyant occupés d'une lecture dans ce lieu
charmant, où peut-être Pétrarque a lu ses vers
à la belle Laure, j'ai pris la liberté de venir
vous demander la route de l'Isle.

A ces mots la jeune personne rougit. Le jeune
homme me répondit en français, en m'indiquant
le sentier qu'il fallait prendre. Je lui demandai
s'il retournait à l'Isle , il me dit que oui ; je le
suppliai de me permettre de l'accompagner ;
il ne put me le refuser, et nous voilà chemi-
nant ensemble.

Nous avions près d'une demi-lieue à faire ;
j'eus le temps de préparer et de hasarder d'autres questions. La jeune femme ne répondit
point ; elle marchait, les yeux baissés, en donnant le bras au jeune homme. Celui-ci , plus

confiant, semblait ne pas s'ennuyer de ma conversation. Je la fis tomber sur le manuscrit qu'il lisait. — Dans quelle langue est-il ? lui demandai-je. Dans la mienne, répondit-il ; je suis Hébreu. — Vous êtes d'une nation bien antique et bien célèbre, à qui tout chrétien doit du respect. — Nous les dispenserions du respect, s'ils voulaient nous accorder cette tolérance que commande l'humanité. — Je la voudrais, comme vous, pour tous les peuples et pour tous les cultes. J'espère que, dans ma patrie, la philosophie bientôt amènera cet heureux temps ; mais, sans prétendre excuser les cruautés qu'on vous a fait souffrir, sans vouloir encore moins outrager votre nation, permettez-moi de vous rappeler qu'elle-même fut intolérante, qu'elle a répandu bien du sang ; et qu'à chaque page de votre histoire on a besoin de se souvenir que cette histoire est divine, pour n'être pas rebuté des massacres qu'on trouve partout.

Je ne sais, reprit le jeune homme, si vos histoires des peuples d'Europe ne présentent pas quelquefois des tableaux non moins affreux ; mais je puis vous assurer que, si vous connaissiez les histoires de nos voisins les Syriens, les Phéniciens, les Iduméens, vous y trouveriez autant de massacres que dans nos livres. A Dieu ne plaise que par là je prétende en diminuer

l'horreur ! je veux remarquer simplement que
les peuples nombreux d'Asie, principalement
ceux qui habitent vers les déserts brûlans de la
mer Rouge ; semblent plus exterminateurs que
les autres peuples ; quoiqu'à dire vrai, en fait
de barbarie, je ne saurais auquel donner le prix.
Nous ne valons pas mieux que nos frères les
Arabes, ils ne valent pas mieux que nous ; mais
les détails de leurs actions sont moins connus
que ceux des nôtres. Vos philosophes, que je
respecte d'ailleurs, ont beaucoup parlé de nos
cruautés : je sais quel était leur motif ; ils avaient
moins de haine pour nous que d'humeur contre
certaines choses dont ils nous reprochaient l'o-
rigine. Ils frappaient sur les Juifs pour atteindre plus loin. On les a lus, on a répété, d'a-
près eux, que nos annales étaient teintes de
sang ; et l'on n'a pas eu la justice de dire que
dans ces mêmes annales on trouve les traits les
plus touchans de justice et d'humanité.

Oui, répliquai-je, votre histoire de Joseph
est un chef-d'œuvre de morale, de douceur et
d'intérêt.

Pensez-vous que ce soit la seule qui mérite
d'être louée ? interrompit la jeune et belle juive,
qui n'avait pas encore parlé. Je veux bien, pour
un moment, juger avec vous nos livres comme
s'ils n'étaient pas sacrés. Ne trouvez-vous pas

quelque charme dans les détails des mœurs patriarcales si bien décrites dans la Genèse ? N'aimez-vous point à relire l'hospitalité d'Abraham, le mariage de Rebécca ; la rencontre de Jacob et de Rachel près de ce puits dont il léva la pierre, les sept années d'esclavage auxquelles il se soumet volontairement pour obtenir celle qu'il aime, et les sept autres qu'il recommence afin de la mériter mieux ? L'histoire de Job, de Ruth, de Jonathas, de Tobie, sont-elles pour vous sans intérêt ? Ne reconnaissez-vous point quelques beautés d'éloquence et de génie dans les cantiques de Moïse, de Débora, de David, de Salomon, dans nos psaumes, dans nos prophètes ? Comparez la Bible avec l'Alcóran, avec le Sadder, avec le Zend-Avesta, dont on ne peut soutenir la lecture, et soyez au moins de l'avis des pères de votre église, de vos écrivains, de vos poètes les plus renommés, qui, malgré leur haine pour nous, se font un devoir, une gloire, d'étudier, d'admirer nos livres, et de les imiter souvent.

Mais, sans discuter leur mérite, daignez vous rappeler nos lois. Ouvrez ce code, le seul peut-être observé depuis trois mille ans ; vous trouverez à chaque page des préceptes d'humanité. Je ne vous parle point du Décalogue, le plus beau, le plus ancien monument de morale universelle ; je ne veux citer de nos lois que des détails beaucoup moins connus. « Protégez, nous dit Moïse, aimez les malheureux et les étrangers, en vous souvenant que vous-mêmes fûtes malheureux et étrangers en Égypte. Quand vous moissonnerez votre champ, ou que vous vendangerez votre vigne, oubliez-en toujours une partie, pour que vos frères qui n'ont point de champ et point de vigne puissent y moisson-ner et vendanger. Tous les sept ans, abandon-nez la récolte de vos terres aux pauvres. Tous les sept ans, rendez la liberté à vos esclaves. Chérissez-les, soignez-les : jadis vous fûtes es-claves. Honorez la face du vieillard, et levez-vous devant la tête chauve. Même en pays ennemi, ne coupez pas les arbres qui nourris-sent les hommes. Ménagez jusqu'aux animaux : qui n'est pas bon pour eux n'est pas assez bon pour ses frères. Que l'aumône soit une obliga-tion pour celui qui n'y trouve pas un plaisir. Que l'homicide ne puisse jamais racheter avec de l'or le sang qu'il aura répandu. Que la justice soit égale pour toutes les conditions. Que la pitié devienne si bien le sentiment habituel de vos cœurs, qu'en s'emparant d'un nid d'oiseaux l'Israélite se croie obligé de laisser au moins échapper la mère[1]. »

---

[1] Exod. cap. 23. Levit. 19. Deuter. 22.

Ces lois, prises dans Moïse, et que je ne fais que citer mot à mot, vous paraissent-elles barbares? Et dans quel temps les observions-nous? lorsque tous vos peuples d'Europe mangeaient du gland dans les forêts; lorsque la Médie et la Perse étaient à peine policées; lorsque, dans la seule Égypte, il existait quelques hommes qui sussent lire. Dès cette époque si reculée, nous avions un gouvernement qui, par sa simplicité, mérite encore le respect du sage. Un peuple, divisé en tribus, formant une même famille; chaque tribu ayant son conseil pour décider de ses intérêts; un sénat, composé d'anciens, choisis dans ces différens conseils pour discuter, au nom de la nation, les intérêts généraux; un juge suprême, élu par le peuple, lorsque l'état était en péril; l'obéissance et la liberté réunies et accordées par une hiérarchie graduelle, qui s'observait de dix hommes à cent, de cent à mille, depuis le dernier des Israélites jusqu'au conseil des anciens; un corps de prêtres payés par le peuple, et ne pouvant rien posséder; Dieu seul pour roi, la loi pour maître, et tout Israël pour soldats : voilà quelle fut notre république pendant un espace de quatre cents ans. Nous voulûmes avoir des monarques, et beaucoup d'entre eux régnèrent avec gloire. Le nom le plus célèbre encore, le plus révéré dans l'Orient; est celui d'un de nos rois. Notre antique capitale est toujours une ville sacrée, même aux yeux de nos oppresseurs. Nos livres composés alors sont dans toutes vos bibliothèques. Quel est le peuple dont les lois, dont les ouvrages, dont le nom, aient survécu si long-temps à sa défaite, à sa ruine? Vaincus, dispersés par les Assyriens, établis dans leurs vastes états, où notre industrie nous rendit riches et puissans, nous quittâmes deux fois nos établissemens, nos richesses, les délices de l'abondance, pour retourner habiter les ruines de Jérusalem. Ah! si l'amour de la patrie est la première des vertus, qui mieux que nous a senti cet amour? Quelle nation peut citer une époque plus glorieuse que celle où Néhémie, avec Esdras, nous ramenèrent des extrémités de la Perse, et que, malgré nos voisins jaloux, l'épée d'une main, la truelle de l'autre, nous rebâtîmes nos remparts et relevâmes nos autels? Depuis ce temps jusqu'à Titus, nous n'avions cessé de combattre pour notre indépendance et notre liberté. Nos efforts furent souvent heureux, et je doute qu'on puisse trouver chez les Grecs, chez les Romains, des héros plus grands, plus parfaits, plus utiles à leur pays, que ne le furent nos Machabées.

J'écoutais la belle Juive avec un respect attentif. Sa beauté , son émotion, tout ajoutait à son éloquence. Madame, lui répondis-je, je ne suis point ennemi des Hébreux. Ce n'est point un Amalécite ou un Philistin qui a l'honneur de vous entendre. Je conviens de la vérité de ce que vous m'avez dit; mais, depuis votre dispersion, il est possible que le commun de votre peuple ne se soit pas conduit de manière à mériter la bienveillance des autres nations.

Les autres nations, reprit-elle en fixant sur moi ses deux grands yeux noirs, ne devraient pas, pour leur honneur, rappeler leurs procédés envers les malheureux Hébreux. Depuis la prise de Jérusalem par ce célèbre Titus, qui fut sans doute à juste titre surnommé les délices du genre humain, et qui cependant exerça d'affreuses cruautés contre les prisonniers juifs; ce qui surprend un peu dans le bon Titus, surtout lorsque l'on réfléchit qu'il avait une maîtresse juive; depuis, dis-je, l'horrible état où les Romains laissèrent la Judée, l'imagination la plus vive ne peut se figurer les maux que notre peuple a soufferts. Adrien principalement, Adrien, dont le nom n'est pas sans gloire, poussa contre nous la recherche de la barbarie à un point qui ferait frémir les sauvages les plus féroces. Ses successeurs nous persécutèrent comme chrétiens; et quand Rome fut chrétienne, ses empereurs nous persécutèrent comme Juifs. Les rois barbares qui s'élevèrent sur les débris de l'empire se firent un point de religion de répandre notre sang. Partout où vos croisés passèrent, ils nous prirent pour leurs victimes, nous dépouillèrent, nous égorgèrent. Vos pastoureaux, vos flagellans, toutes vos espèces de fous fanatiques, ont regardé pendant quinze siècles comme une action méritoire le plaisir de tuer des Juifs. Vos rois, vos papes, vos magistrats, tantôt sous le prétexte absurde que nous faisions des maléfices, que nous empoisonnions les eaux, que nous crucifiions des enfans, que nous percions des hosties, nous livraient aux bourreaux, confisquaient nos biens, nous bannissaient de leurs états, nous rappelaient moyennant de fortes sommes, qu'ils n'avaient pas plus tôt reçues, qu'ils nous chassaient de nouveau pour nous dépouiller encore. Perpétuels jouets, éternelles victimes des souverains, des peuples, des prêtres de tous les pays, rien pourtant n'a pu nous faire quitter notre religion, nos mœurs, notre nom, unique prétexte de tant de barbaries. Cette constance pendant plus de deux mille ans de malheurs est peut-être digne de quelque estime : et si un petit nombre de misérables Hébreux se déshonore par l'usure, par la bassesse, par une infâme avidité, l'homme sage doit réfléchir qu'un moyen sûr de rendre méprisable, c'est de toujours mépriser : que nos vices sont l'ouvrage de ce mépris continuel, et qu'il est encore surprenant qu'au milieu des outrages dont on nous abreuve, la plus grande partie de notre nation ait conservé quelques vertus.

J'allais prendre la parole pour repousser avec force les inculpations un peu vives que cette Israélite osait faire aux chrétiens; j'allais lui démontrer qu'en tout temps nous avons été les plus justes et les meilleures gens du monde; mais nous étions arrivés aux portes de la ville. Le jeune Hébreu, me voyant chercher des yeux une auberge, me dit avec une politesse franche : Ma femme Esther, que vous venez d'entendre plaider la cause de sa nation avec un peu de chaleur, a oublié de vous dire que, parmi les vertus qui nous sont chères, l'hospitalité tient le premier rang. Nous serions bien heureux si vous nous permettiez de l'exercer aujourd'hui. Daignez nous faire l'honneur d'entrer dans notre maison, et d'y accepter à dîner; nous tâcherons de vous donner autre chose que des pains azymes.

Je remerciai l'Hébreu, et sans me faire presser j'acceptai son invitation.

Sa maison n'était pas loin. Elle était petite, jolie, nouvellement bâtie sur l'ancien rempart, dont les arbres touffus l'ombrageaient. En considérant ce charmant asile, j'aperçus à une des faces latérales une portion du mur dégradée. Je m'étonne, dis-je à M. Jonathas (c'était ainsi que s'appelait le mari de madame Esther), que dans une aussi jolie maison vous laissiez ce côté en ruine. C'est notre usage, répondit-il ; depuis la destruction du temple, la demeure de tout Hébreu doit rappeler par quelque endroit la ville sainte détruite. Si vous entendiez notre langue, vous liriez sur ce mur dégradé ces mots tirés du plus beau de nos psaumes : « Plutôt m'oublier moi-même que de t'oublier, ô Jérusalem ! »

Nous entrâmes chez M. Jonathas. Tout y était simple et propre : point de tableaux, point de sculpture ; un joli papier couvrait les murailles ; des meubles d'un bois de couleur offraient des siéges de maroquin. M. Jonathas avait six enfans, quatre garçons et deux filles, dont l'aîné n'avait pas huit ans. Ils vinrent tous en courant embrasser madame Esther, et se mettre à genoux devant leur père, qui les bénit, les baisa, et les renvoya dans le jardin. Vous êtes surpris, me dit-il, de ces marques extérieures de respect filial, trop fortes peut-être à vos yeux. Nous avons toujours cru, dans notre nation, qu'elles étaient utiles à mainte-

nir ; car nos lois restreignent beaucoup l'auto-
rité paternelle ; et plus nos lois l'ont bornée,
plus nos mœurs ont dû l'étendre.

Tandis qu'il me parlait, deux servantes ca-
tholiques, qui composaient tout son domestique, dressaient la table et préparaient notre
dîner. Madame Esther allait et venait pour veiller à ce qu'on observât dans l'apprêt de la nourriture tous les préceptes de la loi mosaïque,
comme de ne jamais servir ni lapin, ni pour-
ceau, ni lièvre, ni graisse de bœuf ou d'agneau,
ni du laitage et de la viande dans le même repas ; de tuer toujours l'animal dont on peut
manger de manière qu'il n'y reste pas une seule
goutte de sang ; enfin de suivre avec exactitude une foule de pratiques pour lesquelles
leurs cuisiniers sont obligés de consulter une
espèce de formulaire.

Je n'osais dire à M. Jonathas ce que je pen-
sais de ces observances gênantes ; je craignais
que madame Esther ne revînt : en effet, elle
ne tarda pas. Ses enfans la suivaient. On ser-
vit ; tout le monde se lava les mains, et M. Jonathas récita un psaume. Ensuite il prit un
pain entier, le bénit en le rompant, nous en
offrit à chacun ; et, toutes les cérémonies étant
achevées, je renouai la conversation.

A combien faites-vous monter, lui dis-je, le

nombre des Hébreux actuellement dispersés sur la terre? Ce calcul n'est pas facile, me répondit-il; on a de la peine à faire le dénombrement exact des habitans d'un seul empire, jugez de la difficulté de dénombrer un peuple répandu dans les quatre parties du monde, et se cachant presque partout. Mais si l'on veut ajouter à la très-grande quantité de Juifs établis en Europe le prodigieux nombre de ceux qui vivent en Asie, depuis Constantinople jusqu'à Pékin, ceux que l'on trouve sur les côtes d'Afrique et dans quelques contrées de l'Amérique, je crois à peu près certain que ce calcul passerait cinq millions d'individus. Vous en êtes étonné; vous cesseriez de l'être si vous connaissiez nos mœurs et nos lois.

Ces lois nous prescrivent le mariage avant vingt ans : tout Hébreu qui à cet âge ne prend point une femme est regardé comme vivant dans le crime. Nos frères d'Orient ont plusieurs épouses, et partout le divorce est permis. Voilà déjà de grandes raisons pour que notre population soit immense. Ajoutez-y qu'en général nous sommes sobres, laborieux, continens; que chez aucun peuple la foi conjugale n'est autant respectée; que nous ne portons point les armes, et que nous seuls peut-être en Europe sommes exempts des deux fléaux qui détruisent le plus l'espèce humaine, la guerre et la débauche.

Sans cela, d'après les persécutions que nous avons souffertes dans tous les pays, d'après l'innombrable quantité de Juifs immolés, la race en serait éteinte. Mais ces persécutions nous ont plus unis, plus resserrés entre nous. Des frères heureux peuvent se diviser; des frères malheureux s'embrassent. Quand nous étions dans notre Palestine, sous nos rois, sous nos grands-prêtres, nous nous déchirions entre nous, nous n'observions pas notre loi, nous élevions des temples aux idoles. Depuis que nous n'avons plus ni patrie, ni prêtres, ni temples; depuis qu'il faut s'exposer à la mort pour obéir à notre Dieu, nous lui sommes bien plus fidèles, nous nous souvenons beaucoup mieux qu'il nous ordonne de nous aimer. Hélas! c'est notre seule jouissance. Étrangers dans tous les états, inhabiles à tous les emplois, ne nous mêlant point des affaires publiques, la seule ambition qui nous soit permise, les seuls plaisirs qu'on nous ait laissés, c'est d'être bon époux, bon père, de réunir, de concentrer dans notre bonheur domestique toutes les sortes de bonheur; de chercher, de trouver dans nos familles les douceurs, les consolations que le monde entier nous refuse.

Une de ces consolations, c'est de remplir avec un grand zèle le beau précepte de l'aumône.

Vos villes les plus opulentes sont souvent pleines
de vos pauvres ; vous n'avez guère rencontré de
Juif qui vous ait demandé du pain. Partout où
nous sommes un peu nombreux, nous avons
une bourse commune pour secourir nos frères
indigens. Cette bourse n'est jamais vide, et la
manière dont elle se remplit est encore un secret, même entre nous. Vos édits nous défendent de posséder des biens-fonds : nous sommes
pourtant assez riches : et l'origine de nos for-
tunes n'est pas l'usure, comme on l'a trop répété, mais l'activité, l'amour du travail, la né-
cessité de vivre avec moins de moyens que les
autres, l'intelligence du commerce, qui semble
être l'apanage des Hébreux ; cette intelligence
qui dans des temps de barbarie nous fit inventer les lettres de change, nous rendit les fac-
teurs de l'univers, où nous étions dispersés, et
contribua plus qu'on ne pense à former les premiers liens qui depuis ont uni entre elles toutes
les nations de l'Europe. Ainsi nous devons encore toutes nos richesses à l'oppression, comme
nous lui devons en partie notre population et
notre bienfaisance.

Mais enfin, lui dis-je, ces persécutions sont
au moins très-ralenties, et dans quelques pays
vous jouissez de tous les droits de citoyens.

On nous laisse, me répondit-il, assez pai-

sibles en Pologne et dans quelques cantons de
l'Italie. En Angleterre, surtout en Hollande,
nous sommes plus que tolérés. Nous y profes-
sons notre culte publiquement; nous y avons
des synagogues, où nos rabbins, qui ne sont
autre chose que les docteurs de notre loi, nous
exhortent à la vertu, à la pureté, reprennent
ceux d'entre nous qui n'observent pas le sabbat,
font les mariages, prononcent les divorces, en
un mot, expliquent la loi. Cette explication demande non seulement une profonde connaissance des livres de Moïse, mais encore du *Talmud*, ouvrage très-révéré parmi nous, parce
qu'il est le recueil de toutes les opinions et tra-
ditions qui composent notre *loi orale*. Nous re-
gardons comme savans ceux qui font une étude
particulière de ce Talmud, devenu pour ainsi
dire le code civil et canonique des Hébreux. Ce
n'est pas à moi d'apprécier devant un chrétien
le mérite de cette science. Malheureusement
nous n'en avons guère d'autre : excepté quelques auteurs qui se sont appliqués à l'astrono-
mie, à la grammaire, à la médecine, les autres
n'ont écrit que sur la controverse. Notre litté-
rature est à peu près nulle; et votre goût serait
peu satisfait d'une bibliothèque hébraïque.

Cependant nous avons eu des académies cé-
lèbres, et nous avons encore des écoles dans les

villes où il nous est permis de bâtir des synagogues. Dans celles où elles ne sont pas tolé-
rées, nous nous rassemblons dans une chambre
louée à frais communs, qui n'a d'autres meubles que des bancs, une table, et une armoire
placée du côté de l'orient. Cette armoire, qui
nous représente si pauvrement l'arche de bois
de Cetim couverte de lames d'or, renferme les
cinq livres de Moïse, écrits à la main sur du
parchemin avec de l'encre faite exprès. Ils ne
sont point reliés comme les autres volumes; ils
sont copiés sur de longues peaux cousues bout
à bout, non avec du fil, mais avec les nerfs
d'un animal pur. Ces peaux sont roulées sur
deux bâtons, et le rouleau est recouvert d'un
riche voile brodé par les plus habiles de nos
ouvriers. Dans nos assemblées nous mettons à
prix l'honneur de porter ce volume depuis l'armoire où il est enfermé jusqu'à la table où on
l'appuie pour en lire des fragmens. L'argent de
cette enchère est à nos pauvres. Les hommes,
assis sur des bancs, les femmes, dans une ga-
lerie grillée, assistent à la lecture, et chantent
nos psaumes hébreux. Voilà tout ce qui nous
reste du fameux temple de Salomon.

Est-ce là, lui demandai-je, que vous célé-
brez vos fêtes?

Nos fêtes, reprit-il, ne pourraient être célébrées qu'à Jérusalem; mais nous en retraçons une faible image, suivant notre calendrier particulier, que nous renouvelons avec soin tous les ans. Indépendamment du sabbat, nos solennités sont nombreuses : elles ont toutes rapport à de grandes époques de notre histoire, telles que le *Purim*, pour la délivrance des Juifs par Esther; l'*Hanucca*, pour les victoires de nos Machabées, et beuacoup d'autres, parmi lesquelles vous seriez sûrement touché de celle que nous appelons le *Quipour*, ou l'expiation. C'est le jour même où Moïse, après avoir obtenu le pardon de l'idolâtrie du veau d'or, redescendit de la montagne avec les dernières tables de la loi. Jadis c'était le seul jour de l'année où le grand-prêtre entrait dans le Saint des Saints pour y porter les regrets, le repentir, les larmes d'un peuple trop souvent prévaricateur. Nous passons ce jour tout entier dans le jeûne le plus austère ; nous nous rendons à la synagogue dès l'aurore, pour n'en sortir qu'à la nuit, revêtus d'habits de deuil, les cheveux, la barbe en désordre. Là, nous crions : O mon Dieu ! miséricorde ! nous avons péché, nous avons fait le mal, nous sommes justement punis ; miséricorde ! Dieu de bonté ! Chacun déclare tout ce qu'il se reproche, chacun demande grâce au Seigneur et à ses frères. On oublie toutes les

discordes , on se pardonne les anciennes plaintes , les vaines injures, dont on s'accuse soi-
même avec un vif repentir ; on s'embrasse en
versant des larmes. Ce spectacle d'une foule
d'hommes pleurant en commun leurs fautes, et
demandant à grands cris de revenir à la vertu ,
n'existe peut-être dans aucune autre religion du
monde , et vous frapperait à la fois de surprise
et de compassion.

Daignez excuser ces longs détails. Je vous en
ai dit sur les Juifs plus que vous ne vouliez en
savoir : mais vous me paraissez bon , et la dernière réflexion qui vient avec les bonnes gens,
quand on leur parle de soi, c'est qu'on risque
de les ennuyer.

Je rassurai M. Jonathas. Enhardi par sa
confiance, je lui demandai de quoi traitait le
manuscrit qu'il lisait le matin. Madame Esther
prit la parole.

C'est un poème, me dit-elle, que mon père
m'a laissé en mourant. Il est dans notre famille
depuis plus de dix générations. Le nom de l'auteur est ignoré. Mon père, qui était un rabbin
très-instruit, pensait que cet ouvrage avait été
fait par un Réchabite, retiré par-delà le Jour-
dain , dans le temps où la malheureuse Jérusalem, assiégée par les Romains, était encore
déchirée par des factions intérieures. Ce qui

donne du poids à cette opinion, c'est ce que dit l'auteur au commencement du poème, en s'adressant aux enfans de Zelpha, c'est-à-dire aux habitans de l'ancienne tribu de Gad. Quoi qu'il en soit, nous relisons souvent ce poème, parce que nous y trouvons le tableau des vertus que nous voudrions pratiquer. Il vous intéresserait si vous entendiez l'hébreu : au moins vous prouverait-il qu'il existe des livres juifs dont les pages ne sont pas sanglantes.

M. Jonathas ajouta qu'il s'occupait de le traduire en français. Il m'offrit de me faire lire sa traduction lorsqu'elle serait achevée. J'acceptai son offre avec reconnaissance, et je pris bientôt congé de cette aimable et honnête famille, que je ne quittai pas sans regret.

Trois ans après cette aventure, je reçus la traduction du poème hébreu, avec une lettre de M. Jonathas, qui m'apprenait que son épouse et lui abandonnaient le Comtat, alors agité de grands troubles, pour aller s'établir au Caire. M. Jonathas me donnait son poème, et me laissait le maître d'en disposer. Après l'avoir lu, je pensai qu'il pourrait intéresser le petit nombre d'oisifs qui ne dédaignent pas de lire un ouvrage doux et moral. Je corrigeai de mon mieux les fautes de français échappées à un Hébreu ; et, profitant de sa permission, j'ai fait

imprimer son livre. S'il ne réussit point, M. Jonathas n'en saura rien ; s'il a quelque succès , je
le lui écrirai au Caire.

———

ÉLIÉZER

ET NEPHTHALI,

POËME.

CHANT PREMIER.

—

Enfans de Zelpha, vous qui gémissez devant
le Seigneur de nos fatales discordes; vous qui,
seuls en Israël, n'avez pas encore oublié que
nous sommes un peuple de frères, rassemblez-
vous autour de moi. Venez, famille peu nombreuse, venez dans le beau vallon que couron-
nent les monts Galaad. Là, sous l'ombre des
cèdres antiques, appuyés contre les rochers où
se sont appuyés nos pères, parlons de leur félicité, parlons surtout de leurs vertus. Rappe-
lons ces siècles heureux où les tribus réunies
adoraient le Dieu des armées, se partageaient
les fruits de la terre, et, long-temps instruites

dans le désert à supporter les maux cruels que
la nature nous impose, soulageaient du moins
ces maux assez grands par l'amitié, par la con-
corde, par la douce fraternité. Ah ! retraçons la
peinture de ces mœurs simples et touchantes :
que le vieillard, en m'écoutant, s'enorgueillisse
d'être né moins loin que nous de ces temps paisibles ; que le jeune homme sente dans son cœur
le vif désir d'imiter ses aïeux ; et que l'enfant
qui me regarde, assis sur les genoux de sa mère,
sourie aux tableaux ravissans qu'il ne com-
prend point, mais qu'il aime.

Dans les jours qui suivirent la mort de Jo-
sué, Israël n'eut point de chef : les tribus, éta-
blies dans leurs conquêtes, satisfaites de la portion de terre que le sort leur avait assignée, ne
songeaient plus qu'à jouir des bienfaits du Tout-
Puissant. La lance et l'épée victorieuses avaient
été converties en instrumens de labourage ; le
coursier qui poursuivit l'Amorrhéen dans les
plaines de Gabaon traînait lentement la charrue ; et chaque Israélite, en paix avec son Dieu,
avec ses frères, avec soi-même, se reposait
tranquillement sous sa vigne ou sous son figuier.

L'arche sainte était à Silo ; un temple superbe ne la renfermait point encore. Une humble couverture de peaux servait d'asile au tabernacle. Rarement le sang des génisses rougis-

sait l'autel des holocaustes ; rarement l'encens de Tadmor brûlait sur l'autel des parfums ; mais les respects, la vénération de tout un peuple, la pureté des pontifes, la ferveur des vœux innocens que l'on adressait au Très-Haut, lui rendaient ce séjour plus cher que le magnifique édifice tant de fois profané dans Sion.

Là, on voyait arriver à nos principales fêtes toutes les tribus d'Israël. Là, les pères de famille, suivis de leurs nombreux enfans, venaient adorer le Seigneur, manger la Pâque avec leurs frères, et renouveler le serment de la divine alliance ; les mères se montraient leurs fils, et se félicitaient en s'embrassant ; les époux s'interrompaient entre eux pour se parler de leurs épouses. Les anciens proclamaient ces lois données à Moïse sur la montagne ; la trompette appelait devant eux les faibles, les orphelins, tous ceux qui pouvaient avoir à se plaindre d'une fraude ou d'une violence ; et personne ne se plaignait, et les anciens louaient le Seigneur.

Le petit-fils d'Éléazar, le vénérable Sadoc, remplissait la place d'Aaron. Sadoc était aimé de Dieu, parce que Sadoc aimait les hommes. Il observait avec un zèle rigoureux tous les préceptes de la loi ; il priait avec un zèle tendre pour ceux qui ne les observaient point. Depuis quarante ans qu'il était grand-prêtre, la veuve

en pleurs, le fils délaissé, tous les malheureux
d'Israël, trouvaient en lui leur soutien, leur
père; et quand, ranimés par ses soins, par
ses secours, par ses paroles, ils baisaient ses
mains en pleurant, et s'étonnaient de le trouver si bon : Dieu seul est bon, leur disait Sadoc,
le bien qui se fait ne vient que de lui.

Sadoc n'avait plus d'épouse. Deux fils ju-
meaux lui étaient restés. Éliézer et Nephthali,
à peine âgés de dix-neuf ans, étaient l'exemple
et l'amour d'Israël. Beaux, sages comme Joseph,
aimables comme Benjamin; lorsque, revêtus
de leurs robes blanches, ils accompagnaient le
grand-prêtre, et lui présentaient à l'autel les
azymes ou l'encens, le peuple, en voyant le
père et les fils, croyait voir Abraham au milieu
des anges. Lorsque, après le coucher du soleil,
se promenant autour de la ville, ils se plai-
saient à lever les pesantes pierres qui couvraient
les citernes, pour abreuver les troupeaux des
jeunes filles revenant des champs, ces jeunes
filles, en les saluant, ne pouvaient s'empêcher
de rougir, et, toutes pensives auprès de leurs
mères, se faisaient redire le soir comment Jacob
choisit pour épouse celle dont il avait abreuvé
le troupeau.

Éliézer et Nephthali ne connaissaient point
l'amour : la tendre, la vive amitié suffisait à

leurs âmes pures. Cette amitié, pour eux aussi douce, aussi nécessaire que l'existence, n'eut point de commencement ; ils l'avaient toujours sentie, sans avoir besoin d'y jamais penser ; ils en jouissaient comme de la vie. Leurs cœurs étaient tellement unis, mêlés, confondus l'un dans l'autre, qu'ils n'auraient pu, sans un examen pénible, se dire lequel des deux formait le premier un désir. Ensemble dès l'aube du jour, l'aube du jour suivant les retrouvait ensemble ; ils ne s'étaient point cherchés. Le nom de frère, qu'ils aimaient tant, n'ajoutait rien à leur propre nom : Éliézer sans Nephthali, Nephthali sans Éliézer se présentait à leur esprit comme l'idée du néant.

Quelques nuances cependant, dont ils s'étaient à peine aperçus, distinguaient les deux caractères. Éliézer, non moins aimant, non moins tendre que Nephthali, était né plus sérieux, plus grave. La méditation, la prière, avaient des charmes pour lui. Éliézer se plaisait dans l'entretien des vieillards, dans l'étude des livres sacrés, dans les cérémonies religieuses. Son esprit, mûri de bonne heure, chérissait la paix et la réflexion ; son âme pieuse et calme avait besoin du recueillement. Nephthali, plus impétueux, mais aussi pur que son frère, aimait comme lui la vertu, sans contempler autant sa

beauté. Son cœur, ouvert aux passions, soupirait même après leurs peines ; souffrir lui pa-
raissait plus doux que l'absence d'un sentiment
vif. Mais la sagesse d'Éliézer tempérait l'ardeur
de son frère ; la sensibilité de Nephthali rendait plus indulgent Éliézer. Ainsi, quoiqu'ils
fussent nés avec des qualités diverses, ils se les
communiquaient en s'aimant, les échangeaient
sans les perdre, jouissaient chacun du bien de
tous deux. O doux privilége de l'amitié, qui,
non seulement double les plaisirs, mais double
encore les vertus!

Nephthali, long-temps exercé dans les jeux
guerriers des Hébreux, savait atteindre de ses
flèches l'oiseau qui traverse les airs. Nul en
Éphraïm ne lui disputait le prix de la force et
de l'adresse. Il aimait à se couvrir d'une peau
de léopard, à ceindre ses reins d'un tissu de
chanvre : et, sans se munir d'autres provisions
que d'un simple vase rempli de lait, l'arc à la
main, le carquois sur l'épaule, il s'enfonçait
dans le désert, poursuivait le cerf, la gazelle,
attaquait le lion terrible, revenait avec sa dépouille. Éliézer, moins fort, moins adroit, pour
qui la chasse aurait eu peu d'attraits ; si Nephthali n'eût aimé la chasse, l'accompagnait dans
ses courses lointaines, s'y plaisait auprès de son
frère ; et, lorsque Éliézer, à son tour, allait

prier dans le tabernacle depuis le lever du soleil jusqu'au lever de l'étoile du soir, Nephthali priait avec lui, Nephthali ne le quittait point, et ne pensait plus à la chasse, parce qu'il était avec son frère.

Un jour qu'ils parcouraient tous deux, suivis de leurs jeunes amis, les brûlans rochers de Remmon, Nephthali, se laissant emporter à la poursuite d'une panthère, s'écarte, s'éloigne d'Éliézer, laisse loin de lui tous ses compagnons, et passe bientôt les limites des lieux qui lui étaient connus. De plus en plus égaré par l'animal qu'il a blessé d'un trait, il vole, s'enfonce au milieu des rocs, et ne retrouve plus sa trace. Inquiet, non de ses périls, mais des alarmes qu'éprouvera son frère, il précipite ses pas, franchit les torrens desséchés, gravit sur la cime des monts; tout ce qu'il découvre ne sert qu'à l'égarer davantage. Ses cris sont perdus dans les airs; le disque brûlant du soleil l'enveloppe de sa lumière, le consume de ses rayons; autour de lui, ses yeux fatigués n'aperçoivent que des roches nues; il voit sur sa tête un cercle de feu. Rien ne se meut dans la nature; elle est morne, elle est accablée sous le poids de l'astre du jour. Les heures s'écoulent, la chaleur augmente, Nephthali redouble d'efforts, et ressent déjà les tourmens de cette soif si terrible, qui seule, dans ces climats, suffit pour causer une prompte mort.

Épuisé, respirant à peine, il marche appuyé sur son arc, il soulève sa tête pesante, et sa paupière se baisse devant les flammes du soleil. Sa soif devient plus douloureuse; elle l'accable, elle le dévore. Il saisit le vase de lait qu'il portait toujours dans son sein, ce vase, son unique espoir, qui peut seul lui rendre la vie. Il va l'approcher de sa bouche, lorsqu'il entend derrière lui des cris inarticulés. Au même instant il voit arriver une jeune Israélite, les bras élevés, les cheveux épars et mêlés avec son voile. Elle s'élance, tombe à genoux, en criant: J'expire, j'expire..... de l'eau! par pitié..... de l'eau !

Elle n'avait pas achevé, le vase était sur ses lèvres. Elle boit avec avidité, sans se relever de terre, sans détourner ses regards du breuvage qui la ranimait. Nephthali, debout, contemplait ses traits, sa grâce, ses yeux si touchans, que surmonte un sourcil d'ébène, et son front plus blanc que l'albâtre, dont l'éclat contrastait si bien avec sa longue chevelure noire, avec ses joues que la chaleur avait animées d'un vif incarnat.

Nephthali cesse de souffrir en regardant l'Israélite; il éprouve un charme secret, mêlé d'un

transport vif et doux. L'attrait, l'enchantement
nouveau, qui pénètre, remplit son âme, font
évanouir toutes ses pensées, suspendent toutes
ses facultés. Heureux d'avoir sauvé les jours
de cette belle inconnue, il s'oublie, ne voit
qu'elle, ne songe plus à ses propres maux; et,
semblable au paralytique qu'un danger pressant fait courir, il perd à ce divin aspect le sentiment de ses douleurs.

Après avoir épuisé le vase jusqu'à la dernière
goutte, l'Israélite reprend haleine, en fixant
sur le jeune Hébreu des regards remplis de douceur. Bientôt elle se relève : O mon bienfaiteur,
dit-elle, apprenez combien je vous dois. Ce
matin, dans les pâturages qui s'étendent au
pied des montagnes, je conduisais les brebis de
mon père : une troupe d'hommes armés a paru
tout-à-coup à mes yeux; c'étaient les cruels Moabites. Je me suis échappée en priant le Seigneur;
j'ai gagné ces rocs escarpés, où j'erre depuis
l'aurore, sans que la moindre nourriture, sans
qu'une seule goutte d'eau ait ranimé mes forces
éteintes. C'est vous qui me rendez la vie. Ah!
venez, venez chez mon père : nous immolerons
un agneau, nous inviterons toute notre famille,
qui vous donnera les doux noms que vous
donne déjà mon cœur. Je vais vous conduire :
venez, sinon pour jouir de votre bienfait, du

moins pour nous faire jouir de notre reconnaissance.

Elle dit; et Nephthali, qui la regarde, qui
l'écoute, ressent avec plus de violence la soif dé-
vorante dont il est consumé. Il espère, il veut
répondre; sa bouche demeure entr'ouverte, sa
langue est attachée à son palais. Dans ce moment, le voile de lin de la jeune Israélite, qui
flottait en désordre autour de sa tête, se déta-
che et tombe à ses pieds. Nephthali se baisse
pour le relever; il le saisit d'une main tremblante, mais il chancelle, succombe, et demeure
étendu sur la terre sans voix et sans mouvement.

Frappée de surprise et d'effroi, l'Israélite le
considère: elle reconnaît qu'il périt de la même
cause qui naguère la faisait périr, qu'elle seule
a causé sa mort..... elle en jette un cri de douleur; et, ne pouvant trouver de secours que
dans la maison de son père, elle part avec la rapidité du faon, vole et se précipite des montagnes.

Pendant ce temps l'inquiet Éliézer parcou-
rait les lieux d'alentour. Ses compagnons, dispersés par son ordre, visitaient toutes les cavernes. Éliézer, sur le sommet des rocs, promenait
au loin ses regards, et, d'une voix douloureuse,
interrompait les prières qu'il adressait au Seigneur pour s'écrier à chaque instant: Neph-

thali ! mon cher Nephthali !..... Alors il écoutait, hors de lui-même, immobile, les bras
élevés, espérant que le Tout-Puissant allait
exaucer ses vœux ; mais l'écho des montagnes
lui répondait seul : Nephthali ! mon cher Nephthali !..... et sa tête tombait sur son sein, et les
larmes coulaient sur ses joues.

Enfin, au coucher du soleil, quelques momens après le départ de la jeune Israélite, Éliézer arrive au pied du roc où Nephthali, privé
du sentiment, était étendu sur la terre, tenait
encore dans sa main fermée le voile qu'il avait
saisi. A cette vue, Éliézer déchire ses vêtemens,
se jette sur le corps de son frère, l'embrasse,
le presse en pleurant, le couvre de ses baisers.
Il s'aperçoit qu'il est sans blessure ; il appelle
ses compagnons, réunit dans un même vase le
peu de lait qui restait à chacun, et fait lentement couler cette liqueur bienfaisante sur les lèvres pâles, flétries, du malheureux Nephthali.
Nephthali rouvre des yeux éteints qui cherchent
l'Israélite. Fatigué de cet effort, il les referme
aussitôt, et sa main, malgré sa faiblesse, porte
doucement sur son cœur le voile qu'elle retenait.
Éliézer et ses amis lui forment un lit de leurs
bras, le soulèvent avec précaution ; et, guidés
par un pâtre de ces montagnes, reprennent le
chemin de Silo.

O quelle fut la douleur de Sadoc lorsqu'il revit son fils expirant! En vain le tendre Éliézer, dissimulant ses propres craintes, se hâte de le rassurer, de lui répondre des jours de son frère; le vieillard, immobile, morne, lève en silence ses yeux vers le ciel, et n'ose encore se plaindre à son Dieu d'un malheur au-dessus de sa force.

Déjà tous les secours qu'on peut inventer sont prodigués à Nephthali. Placé sur un lit de peaux molles, ranimé par quelques gouttes du vin délicieux d'Engaddi, le jeune Hébreu revient à lui-même, ses yeux ont reconnu son père, ses bras se sont soulevés pour embrasser Éliézer; Éliézer, à genoux près du lit, soutient d'une de ses mains la tête penchée de son frère, de l'autre il lui présente des breuvages; Sadoc les regarde et pleure; et tout le peuple de Silo, rassemblé devant la maison, exprime par des cris son inquiétude et son amour pour Nephthali.

Le lendemain de ce funeste jour était le sixième du mois de Sivan, le cinquantième depuis la Pâque. C'était ce cinquantième jour après la sortie d'Égypte que l'Éternel, sur le mont Sina, daigna lui-même donner des lois au peuple qu'il s'était choisi. On en célébrait la mémoire. Le grand-prêtre, assisté des lévites, présentait, au nom des enfans de Jacob, deux pains levés de farine nouvelle, prémices de la moisson. Il immolait en holocauste deux jeunes taureaux, un bélier, sept agneaux sans tache, comme hosties pacifiques, et le mâle de l'indocile chèvre, en expiation des erreurs d'un peuple trop peu soumis. Après ce sacrifice de reconnaissance, chaque famille se réunissait pour se livrer ensemble à la joie ; chaque Israélite ouvrait sa maison à ses frères des autres tribus. Tous les enfans de Jacob n'étaient occupés dans ce jour de fête que de resserrer les liens de la douce fraternité.

Sadoc, après avoir rempli les saints devoirs de son ministère, était venu se renfermer près de son fils. Le pieux Éliézer n'avait pas voulu quitter Nephthali, même pour assister au sacrifice. Cependant, quand la nuit fut venue, et que le sommeil bienfaisant eut fermé les yeux de celui qu'il veillait, Éliézer courut au tabernacle. Là, le front dans la poussière, étendant ses mains jusqu'au bord du voile qui couvrait le Saint des Saints, Éliézer demeura long-temps, car il pria pour son frère.

L'aurore avait déjà paru, les sept lampes du chandelier d'or ne jetaient plus qu'une lueur pâle, lorsque Éliézer se relève pour retourner près de Nephthali. Comme il sortait de la seconde enceinte, il est tout-à-coup arrêté par une jeune Israélite qui portait dans ses mains deux colombes, et conduisait un agneau blanc. L'inquiétude et la douleur se peignaient sur son visage. Une rougeur modeste couvrait son front, où la pudeur et la piété se confondaient avec la grâce. Elle approche, en baissant les yeux, d'Éliézer, qui l'admire; et lui adresse ces paroles :

Pardonnez, lévite du Seigneur, pardonnez à une inconnue de vous retenir un moment. Quoique étrangère dans Silo, je ne suis point une infidèle. Je demeure en Benjamin, dans le hameau de Luza. Mon nom est Rachel. Mon père Abdias adore le dieu d'Isaac. Je viens offrir à l'Éternel cet agneau, ces deux colombes, seules richesses dont puisse disposer la fille d'un simple pasteur. Daignerez-vous, enfant d'Aaron, les immoler pour moi sur l'autel, et solliciter du Très-Haut la grâce que je lui demande?

Elle se tait. Éliézer la contemple sans pouvoir répondre; son cœur était trop ému par les accens de cette voix. Immobile d'admiration, frappé d'un trait qui brûle ses sens, il aime à sentir sa blessure, il éprouve un trouble inconnu qui l'inquiète et qui lui plaît; il pressent, souffre des tourmens, et leur trouve déjà des délices.

Enfin, tendant une main tremblante à la

modeste Rachel : Fille d'Abdias, dit-il, venez
assister à votre sacrifice ; votre présence le rendra plus pur. J'immolerai vos victimes, j'of-
frirai moi-même vos dons ; mais, afin que mes
vœux ardens puissent s'unir à vos vœux, répon-
dez avec confiance : Que demandez-vous au
Seigneur ?

Rachel rougit de nouveau ; ses yeux de nouveau regardent la terre : Enfant de Lévi, répond-elle, le pur sentiment qui m'anime ne doit
ni ne peut se cacher. Je viens implorer le Très-
Haut pour le mortel à qui je dois la vie. Je ne
puis le secourir, et ses jours sont en danger.
Que le Tout-Puissant détourne sur moi les maux
qu'il souffre en ce moment ! voilà mon vœu,
mon désir, et l'objet de mon sacrifice. La reconnaissance, qui nous vient du ciel, peut s'a-
vouer dans le lieu saint.

En prononçant ces paroles, quelques larmes
bordent la paupière de la touchante Rachel.
Éliézer sent couler les siennes. Il retourne vers
le sanctuaire, se lave les mains et les pieds dans
la grande cuve d'airain, prépare ensuite le feu
sur l'autel des holocaustes. Les lévites viennent s'offrir pour l'aider dans ses apprêts, Éliézer les refuse ; il craint de partager ces soins :
tandis que Rachel, à genoux dans le parvis du
tabernacle, tenant la main droite étendue sur

la tête de son agneau, présentant de la gauche ses colombes, attend l'instant du sacrifice.

Bientôt le feu sacré s'allume et brûle devant le Seigneur. Éliézer saisit les victimes ; leur sang est répandu sur l'autel, du côté de l'aquilon. Le sacrificateur y joint un épi de farine pure, les arrose d'huile nouvelle ; la flamme s'élève en les enveloppant. La jeune Rachel, prosternée, invoque à voix basse le maître du ciel. Éliézer, d'une voix plus haute, lui demande d'exaucer les vœux de la pieuse Benjaminite, de sauver les jours de celui qui l'intéresse si vivement. Il ne doute point, d'après ses paroles, que ce ne soit pour son père qu'elle éprouve tant d'inquiétude : cette idée, qui vient se mêler au souvenir du danger de son frère, rend sa prière plus tendre ; et la ressemblance qu'il trouve entre son propre cœur et celui de Rachel augmente, s'il se peut, l'amour dont il se sent consumer pour elle.

Le sacrifice à peine achevé, tout-à-coup Éliézer se lève rayonnant de joie. Il court à Rachel, il s'écrie : Voici ce que dit le Seigneur : Retournez dans votre maison ; l'objet de votre inquiétude a recouvré la santé. Remerciez le Dieu de vos pères, et souvenez-vous du lévite qui vous rend grâce de l'avoir choisi pour votre sacrificateur.

Rachel s'incline et adore. Bientôt elle se relève en essuyant les larmes qui couvraient ses joues. Elle jette sur Éliézer un regard de reconnaissance, et disparaît aussitôt.

Le fils de Sadoc n'ose l'arrêter. Il soupire en la suivant des yeux ; mais le souvenir de son frère l'arrache à ses tendres pensées. Il se hâte de retourner auprès de ce frère si cher. Il trouva sa maison parée de guirlandes : Nephthali est hors de danger, Nephthali convalescent demande à grands cris son frère, et, s'avançant, malgré sa faiblesse, jusque sur le seuil de la porte, il reçoit dans ses bras Éliézer, à qui la surprise et la joie ont presque ôté l'usage de ses sens.

FIN DU PREMIER CHANT.

CHANT SECOND.

Cependant Israël se livre aux transports de la fête : les vieillards, les époux, les mères, parés de leurs plus beaux habits, font préparer devant leurs portes des tables couvertes de mets délicieux. Les jeunes vierges, en habits de lin, couronnées de roses blanches, parcourent la ville en dansant au son des cistres et des cymbales. Les parens, les amis se rassemblent ; les tribus se mêlent et se confondent. Les anciens, les prêtres, les laboureurs, l'habitant des villes, celui des hameaux, ne forment qu'une famille. Tous, en se tenant la main, font retentir l'air du nom de Jacob ; tous se répètent en s'embrassant qu'ils sont enfans du même père, qu'ils ont reçu les mêmes bienfaits ; qu'ils obéissent à la même loi. Ce peuple immense de frères semble n'avoir qu'une seule âme pour célébrer la douce fête du bonheur et de l'amitié.

Sadoc était au milieu d'eux, accompagné de ses deux fils. Partout on se pressait sur son passage ; partout le peuple, à son aspect, élevait les mains vers le ciel, adressait des vœux au

Seigneur pour le pontife et pour sa famille. Chacun voulait voir de plus près cet aimable et cher Nephthali conservé par le Tout-Puissant ; chacun félicitait son père , et mêlait des pleurs d'allégresse aux larmes de reconnaissance qui baignent les yeux du vieillard.

Nephthali, pâle et languissant , appuyé sur Éliézer , s'avançait lentement à côté du grand-prêtre. Éliézer le regardait sans cesse ; et ses regards, où brillait la joie, exprimaient pourtant l'inquiétude. Nephthali souriait pour le rassurer , et son sourire plein de douceur était cependant mêlé de tristesse. Chacun d'eux avait un secret que son frère ignorait encore ; leur tendre amitié s'en faisait un crime. Tous deux en étaient tourmentés ; tous deux , en se prenant par la main , se demandaient d'avance pardon.

Aussitôt qu'ils sont revenus dans la maison paternelle, sans se communiquer leur dessein, sans se prévenir même par un signe, ils se dérobent à leurs amis, et marchent, par divers chemins , vers l'extrémité solitaire du champ qui les nourrissait. Là, sur la rive d'un torrent , borne antique de leur héritage , sous l'ombre d'un grand figuier planté par les Chananéens, était un siége de gazon où les deux frères , tous les soirs , allaient méditer la loi

sainte , se délasser des travaux rustiques , se
parler de leur amitié. Jamais ils n'y étaient venus
qu'ensemble ; ce seul jour ils s'y rencontrèrent.
Je t'attendais , se disent-ils en s'abordant en
même temps. Ils s'embrassent avec étreinte, se
regardent, s'embrassent encore. Assis à côté l'un
de l'autre, Nephthali s'apprête à parler, Éliézer
le prévient.

O mon ami ! lui dit-il , ô la plus chère moitié
de moi-même, quel péril nous a menacés ! quelles
grâces ne devons-nous pas à ce Dieu qui te rend
la vie ! Vainement, cette nuit passée, prosterné
devant l'arche sainte, j'avais supplié l'Éternel
d'épargner notre jeunesse , de nous laisser encore sur la terre quelques instants pour nous aimer ; je n'avais plus d'espérance, aucun signe
du Tout-Puissant ne répondait à mes vœux.
Je m'étais dit : C'en est fait ! le Seigneur m'a-
breuve aujourd'hui de la coupe de sa colère ;
il a mis un nuage devant sa face pour que ma
prière ne passât point ; il veut me ravir mon
frère..... Et je revenais vers toi, non pour te
pleurer, Nephthali, mais achever de mourir.

Que sommes-nous donc , mon ami ? et quelle
est la force d'un sentiment jusqu'à ce jour ignoré
de nos âmes ? Au sein même du désespoir , dans
cet accablement affreux où l'on ne sent de l'existence que le poids dont elle est encore, j'ai vu,

j'ai trouvé la jeune Rachel, la fille du pasteur Abdias, auprès de la seconde enceinte. Mon cœur a volé vers elle comme la paille légère vole s'attacher à l'ambre précieux. O mon frère! si tu l'avais vue à genoux, tenant dans ses mains deux colombes, élevant au ciel des yeux pleins de larmes!..... sa tristesse l'embellissait, sa douleur augmentait sa grâce. Elle priait pour son père, qui demeure en Benjamin, dans le hameau de Luza; elle demandait au Très-Haut de sauver l'auteur de ses jours. Sa piété, sa vertu touchante, se peignaient sur son front pudique; elles mêlaient un respect saint à l'amour dont ses yeux enivraient. Je veux te le dire, mon unique ami, j'ai besoin de te l'avouer : en contemplant la belle Rachel, j'ai cessé de penser à toi, c'est le seul moment de toute ma vie. Ah! pardonne, mon cher Nephthali! n'attends pas, pour me pardonner, de connaître cette passion dont la première et subite atteinte peut faire oublier un instant ton frère.

A ces paroles, Éliézer se hâte de cacher son visage dans les deux mains de Nephthali. Celui-ci le regarde et pleure. Rassure-toi, lui dit-il, j'ai besoin de la même grâce, je venais te la demander. Oui, mon frère, j'aime comme toi; comme toi, je brûle d'un feu dévorant. Mon

cœur, qui pouvait à peine suffire au sentiment
de notre amitié, qui, pour former un désir,
pour éprouver un regret, avait besoin de savoir
d'avance ce qui te manquait, ce que tu souhai-
tais ; ce cœur, emporté malgré moi par un attrait violent, terrible, s'agite, se trouble, s'inquiète pour un autre qu'Éliézer. Il prétend, il
veut, il recherche un bonheur où tu n'es pas
tout. Je ne connais pas ce bonheur, je ne me
connais plus moi-même. Je sens mon âme tour-
mentée comme la pierre dans la fronde qu'un
bras vigoureux fait tourner. Uniquement, sans
cesse occupé de celle qui partout me suit, la
revoir, lui parler, l'entendre, sont mes seuls
vœux, ma seule idée. Le temps qui s'écoule
sans elle n'appartient plus à ma vie. L'univers
se réduit pour moi à la place où je la rencontrai. A tes côtés, je la cherche, je la demande,
je l'attends. Je suis près de toi, je soupire ; je
t'embrasse, et ne suis pas heureux! O mon
frère! pardonne à ton tour ; ou plutôt, mon
frère, rassurons-nous. Nos âmes sont toujours
les mêmes ; le feu sacré de notre amitié n'a point
ralenti son ardeur : il nous anime, il nous soutient ; c'est lui qui nous fait vivre ; mais une
flamme différente nous consume et nous fait
mourir.

Alors Nephthali lui raconte comment, aux

roches de Remmon, il sauva l'Israélite ; comment, à sa première vue, il avait senti cet amour brûlant qui désormais fera son destin. Il ajoute qu'il ne connaît d'elle que sa douceur et sa beauté, qu'il ignore jusqu'à son nom ; et, tirant de son sein le voile que laissa tomber la belle inconnue, il montre ce voile à son frère, le lui fait toucher sans l'abandonner, le déploie, le couvre de ses baisers, le replie d'une main tremblante, et le replace sur son cœur. Mais, se reprochant tout-à-coup de s'occuper si long-temps de lui-même : Éliézer, s'écrie-t-il, pour moi, il est un moyen sûr de me croire moins infortuné, c'est de travailler à te rendre heureux. Nous y parviendrons aisément. Tu sais que la jeune Rachel habite chez son père Abdias, dans le hameau de Luza. Penses-tu qu'un pasteur hébreu ne bénira pas le Seigneur en donnant sa fille au fils du grand-prêtre? Peux-tu douter que Rachel ne sente pas son cœur palpiter et de plaisir et d'orgueil en apprenant qu'elle est destinée à ce jeune Éliézer, déjà si connu, si célèbre pour sa vertu, pour sa piété, pour tant de qualités aimables qui te font chérir de tout Israël presque autant que te chérit ton frère ? Rassure-toi, mon Éliézer, Rachel sera ton épouse; dès ce jour je vais en parler à notre vénérable père. Il m'enverra demain à Luza;

j'irai trouver Abdias, j'obtiendrai sa fille pour toi, je te l'amènerai moi-même; et ton bonheur me rendra patient pour attendre ou chercher le mien.

Éliézer se jette dans ses bras. Il consent à lui devoir Rachel; mais Rachel ne lui suffit plus; il lui faut encore retrouver cette jeune et belle inconnue. Il y songe, en parle sans cesse, tandis que Nephthali ne l'entretient que de la fille d'Abdias. Tous deux s'interrompent mutuellement pour s'oublier toujours eux-mêmes; tous deux, depuis leur confidence, semblent avoir changé d'amours.

Rappelés par la voix de Sadoc, ils retournent auprès du vieillard. Nephthali se presse de lui révéler les vœux, la passion de son frère. Quoi! mon fils, répond le pontife en tendant la main à Éliézer, tu n'as pas osé me dire toi-même le désir que forme ton âme? Ignores-tu que le bonheur dont tous deux vous me faites jouir ne peut plus être augmenté qu'en voyant croître le vôtre? Viens dans mon sein, timide Éliézer; viens féliciter ton père du plaisir qu'il trouve à confirmer ton choix.

Éliézer veut tomber à ses pieds, Sadoc le presse contre sa poitrine; et s'adressant à Nephthali : Préparez-vous, dit-il, mon fils, à partir demain pour Luza. Montez sur l'animal patient

qui sert à nos travaux champêtres, prenez avec
vous deux mesures de farine d'orge nouvelle,
ajoutez-y des raisins secs, des dattes, des figues
sauvages : vous offrirez ces faibles présens au
père de la jeune Rachel, en lui demandant, en
mon nom, d'accorder sa fille à mon fils. Je vais
vous remettre pour elle les pendans d'oreilles et
deux anneaux d'or que votre mère posséda.

Il dit : Nephthali s'apprête. Le lendemain,
dès l'aurore, Nephthali s'est mis en chemin.

Le trajet n'était que d'un jour. Avant le coucher du soleil, Nephthali arrive à Luza. Il demande la maison d'Abdias, on la lui indique.
Il frappe à la porte, un vieillard se présente à
lui. Que souhaitez-vous? lui dit ce vieillard;
êtes-vous un de nos frères? Qui que vous soyez,
honorez mon asile en vous y reposant cette nuit.
Nephthali s'incline devant Abdias : Béni soit
le Seigneur! répondit-il; c'est lui qui m'amène
à Luza pour vous offrir de la part de Sadoc,
pontife du Dieu vivant, ces présens, bienfaits
de la terre que l'Éternel nous donna. Mon père
Sadoc vous demande d'accorder votre fille Rachel à Éliézer, mon frère; Éliézer, dont le nom,
sans doute, est déjà venu jusqu'à vous, et qu'Israël considère comme le digne successeur d'Aaron et de Sadoc.

Ne vous trompez-vous pas, mon fils? répond

le vieillard avec un doux sourire : est-ce au pasteur Abdias, au plus obscur, au moins riche des enfans de Jémini, que le grand-prêtre des Hébreux envoie demander sa fille ? Oui, c'est à vous, dit Nephthali. Descendus tous du même père, il n'est de rang dans nos tribus, dans nos familles, parmi nous, que le respect dû aux vertus. Les fils de Lévi tiennent l'encensoir; mais ce sont leurs frères qui prient : les plus justes sont les premiers.

Abdias, pour toute réponse, saisit la main de Nephthali; et, la serrant entre les siennes, il jure, au nom de l'Éternel, que sa fille, dès ce moment, est l'épouse d'Éliézer. Elle est aux champs, ajoute-t-il; elle n'a pas encore ramené le troupeau; mais le soleil, déjà caché derrière les monts de Séir, m'annonce bientôt son retour. Entrez, mon fils, sous mon toit rustique; je vais choisir le chevreau que je veux immoler pour vous.

Il guide aussitôt Nephthali dans sa paisible demeure, et le quitte quelques instans.

Le frère d'Éliézer, demeuré seul dans la cabane, éprouve un plaisir, un intérêt tendre, une involontaire et douce langueur dont il est lui-même étonné. Tout plaît à ses yeux dans ce simple asile, tout fixe et charme ses regards. Il contemple ces vases d'argile rangés avec ordre pour recevoir le lait, ces paniers de jonc suspendus, ces houlettes de la bergère, cette guirlande de fleurs fanées qu'elle portait à la dernière fête. Tous les objets qu'il aperçoit parlent au cœur de Nephthali, portent le trouble dans ses sens; mais il ne veut songer qu'à son frère, il attribue à l'amitié l'émotion secrète qui trouble ses sens.

Bientôt le bruit d'un troupeau revenant des pâturages se fait entendre près de la maison. Nephthali tremble, n'ose sortir; et se demande à lui-même la cause de sa terreur. Il cherche, il appelle Abdias : ce vieillard revient, conduisant sa fille. Nephthali la voit. O Dieu tout-puissant! c'est elle, c'est l'Israélite qu'il a sauvée, c'est cette belle inconnue dont l'image toujours présente ne quitte plus son cœur enflammé.

Immobile comme le voyageur surpris de la tempête dans le désert, il retient le cri prêt à lui échapper, et demeure les bras étendus. Rachel s'avançait en silence, les yeux attachés à terre. Ma fille, lui dit Abdias, voici le plus beau de tes jours : le vertueux Éliézer, le fils, l'héritier du grand-prêtre, te demande pour son épouse. Son frère, que tu vois ici, vient de recevoir mes sermens... Donne-lui ta foi comme il a la mienne, et rends grâce à l'Éter-

nel qui daigne honorer d'une telle alliance ta
jeunesse et mes cheveux blancs.

A ces mots Rachel relève la tête, et porte un
coup d'œil timide sur le frère de son époux...
elle le reconnaît..... Elle jette un cri; sa tête
retombe à l'instant : la pâleur couvre son visage,
ses genoux tremblent, fléchissent; elle demeure
renversée entre les bras de son père, sans couleur et sans mouvement.

Nephthali s'empresse de la secourir; Abdias
la rappelle à la vie. Rachel reprend bientôt ses
sens, s'efforce de rassurer son père; et, feignant d'attribuer à la soif la cause du mal
qu'elle éprouve, elle demande à Nephthali, en
le regardant fixement, de lui porter de quoi
l'apaiser. Nephthali, qui l'entend trop bien,
remplit d'une eau pure un vase de bois, et, le
front baissé, respirant à peine, il offre le vase
d'une main tremblante. Rachel le touche de
ses lèvres, et se hâte de le lui rendre. Se tour-
nant ensuite vers le vieillard : Mon père, dit-
elle d'une faible voix, vous m'avez donnée au
fils de Sadoc, je dois obéir en silence. Mon
cœur sera prêt à suivre ma main, si le frère
d'Éliézer veut me confirmer de sa bouche que
c'est pour m'appeler sa sœur qu'il est venu jusque dans ces lieux..

Elle accompagna ces mots adressés à Nephthali d'un coup d'œil rempli d'amour, et pourtant mêlé de colère. Oh ! combien ce coup d'œil terrible pénétra l'âme du jeune Hébreu ! combien il souffrit dans ce seul instant ! Mais l'amitié soutint la vertu : Éliézer, Éliézer absent l'emporta sur Rachel présente. Oui, dit-il d'un accent ému, oui, mon frère brûle pour vous. Son bonheur, son destin, sa vie, dépendent de vous obtenir. J'ai désiré, j'ai brigué l'emploi de venir vous porter ses vœux, je réitère à genoux ma vive et timide prière.

Il prononce ces paroles rapidement, dans la crainte de ne pouvoir les achever, et tombe aux pieds de Rachel, en détournant d'elle ses regards. Son âme alors est moins oppressée. Content d'avoir fait son devoir, d'être demeuré fidèle à son frère, il ne croit plus sentir ses maux; et, dans le calme que lui laisse l'épuisement de ses forces, il attend la réponse de Rachel.

La Benjaminite l'écoute, rougit et pâlit tour à tour. Elle s'éloigne de Nephthali, lui fait signe de se relever; et se rapprochant de son père, étonné de ce long silence : Je suis satisfaite, dit-elle; j'accepte pour époux Éliézer. Je vous demande la liberté d'aller consacrer le reste du jour à dire adieu à mes compagnes. Je les aime, j'aime ces lieux où Rachel a reçu la vie,

où long-temps Rachel fut heureuse. Il faut les
quitter demain : l'envoyé d'Éliézer pardonne
sans doute à mes pleurs.

Elle part en disant ces mots, et sort à pas
précipités.

Son père cherche à l'excuser auprès du triste
Nephthali. Hélas ! l'infortuné lui-même avait
besoin de cacher ses larmes. Il ne répond qu'en
parlant de son frère, des respects, des soins,
de l'amour dont Rachel va devenir l'objet. Il
occupe, distrait Abdias, et l'empêche de s'a-
percevoir du trouble qui remplit son âme.

La nuit avait étendu ses voiles lorsque Rachel revint les trouver. La sérénité brillait sur
son front. Elle appela Nephthali son frère. Attentive à remplir envers lui tous les devoirs
hospitaliers, elle prépare des peaux d'agneau,
pour qu'il repose pendant la nuit, apprête le
festin, couvre de fleurs la table, et s'assied
près du jeune Hébreu, en lui présentant le dos
du chevreau. Abdias, content, sourit à sa fille,
qui seule anime le repas. Nephthali n'ose l'en-
visager ; et Rachel, sans l'embarrasser de questions ou d'empressemens, abrége et finit la soi-
rée en allant se livrer au sommeil.

Le lendemain, au lever du jour, elle était
prête à se mettre en marche. Son père veut l'accompagner, et Nephthali rend grâce au ciel de

cette résolution. Rachel, portant les ornemens
d'or que Sadoc envoya pour elle, monte sur
l'animal tranquille dont Nephthali tient en main
les rênes. Abdias, à côté de lui, les guide dans
leur chemin.

Nephthali marchait la tête baissée, sans oser
jeter un coup d'œil vers celle qu'il conduisait.
Rachel l'observait en silence, se répétait, s'efforçait de croire que Nephthali ne l'aima jamais ;
que, lorsqu'il lui sauva la vie, c'était seulement
par pitié ; qu'il avait brigué le barbare emploi
de la demander pour un autre, et que la sombre mélancolie qu'elle voyait sur son visage n'é-
tait que l'effet de son caractère. Après s'être dit
ces paroles, elle éprouvait un secret dépit,
qu'elle prenait pour de la haine. Son cœur s'en
applaudissait, s'exhortait, se promettait de haïr
encore plus cet homme si dédaigneux ; mais elle
profitait pourtant de la situation du jeune Hébreu pour le regarder sans cesse ; elle en détour-
nait les yeux avec peine, et se reprochait de les
y reporter.

Abdias, instruit dès long-temps des plus courts
chemins qui mènent à Silo, prend une route
différente de celle que suivit Nephthali lorsqu'il
vint à Luza le jour précédent. Ils traversent une
longue plaine semée seulement de quelques palmiers, s'approchent des monts d'Ephraïm, et

parviennent, vers la troisième heure, au pied des roches de Remmon. Nephthali, qui suit Abdias sans observer les lieux où il passe, monte après lui par un sentier étroit, tortueux, hérissé de ronces. La difficulté du chemin, la continuelle attention d'éviter à Rachel les pas dangereux, éloignent pour quelques instans ses douloureuses pensées. Après une longue et pénible marche, il arrive, couvert de sueur, sur le haut de ces rocs déserts. Là, jetant devant lui la vue, Nephthali reconnaît l'endroit où Rachel implora son secours. Il s'arrête, tout son corps tremble, et, par un mouvement involontaire, ses yeux se portent sur Rachel. Rachel attendait ce regard, mais elle ne le soutint pas. Sa tête tomba sur son sein, ses deux mains cachèrent ses larmes. Nephthali sent fléchir ses genoux, s'appuie contre un quartier de roc; et le vieillard Abdias se presse de courir à lui : Reposons-nous, dit-il, mon fils; nous sommes à la moitié de notre course, asseyons-nous ici quelques instans. Abdias, en disant ces mots, tend ses deux bras à sa fille, l'enlève, la mène près de Nephthali, les fait placer à côté l'un de l'autre, et s'assied lui-même auprès d'eux.

Après un long et triste silence, Abdias, qui cherche à le rompre, demande au fils de Sadoc

dans quel temps, dans quelle occasion Éliézer
a vu Rachel. Nephthali lui raconte alors comment elle vint dans le tabernacle, comment son
frère offrit le sacrifice de deux colombes et d'un
agneau, que Rachel présentait au Seigneur pour
la guérison de son père. De moi ! s'écrie Abdias
en s'adressant à sa fille : eh ! quelles vaines alarmes te faisaient trembler pour mes jours? ils
n'ont point été menacés. Pourquoi me cacher ton
voyage? pourquoi ta piété filiale n'a-t-elle pas
instruit ton père des vœux dont il était l'objet ?
On vous trompe, lui répond Rachel ; ce sacrifice n'était pas pour vous. La veille de ce même
jour, poursuivie par les Moabites, errante dans
ces rocs affreux, j'avais évité le trépas par le secours d'un jeune chasseur, que je laissai mourant après qu'il m'eut sauvée. Je revins bientôt
le chercher; je ne le retrouvai plus. Inquiète
de son sort, tremblant qu'il ne fût tombé dans
les mains de nos ennemis, je partis le jour suivant, au commencement de la nuit ; j'allai
porter ma faible offrande à la maison du Seigneur, et lui demander de sauver cet homme
si généreux à qui je devais la vie. Éliézer pria
pour mon père ; je priais pour mon bienfaiteur.

Rachel rougit à ces mots ; et Nephthali, hors
de lui-même, s'écrie : O ciel ! que dites-vous ?
quoi ! c'était pour l'heureux mortel.....? Oui,

reprend Rachel en le regardant, c'était pour
mon libérateur ; je croyais ses jours en péril ,
je croyais..... j'étais abusée : j'ai su depuis qu'il
jouissait et de la vie et du bonheur ; j'ai su qu'il
avait oublié ses dangers comme ses bienfaits.

Nephthali se lève précipitamment à ces dernières paroles : Mon père, dit-il au vieillard,
partons, mon frère nous attend.

FIN DU SECOND CHANT.

CHANT TROISIÈME.

—

Le soleil s'était plongé dans la grande mer ;
les troupeaux déjà rassemblés descendaient à
pas lents des montagnes, lorsque Abdias, sa
fille et Nephthali, en approchant de Silo, aper-
çurent la tente violette qui couvrait le tabernacle. A cette vue ils s'arrêtent, s'inclinent devant le lieu saint ; et, continuant leur route,
après une courte prière, ils arrivent bientôt aux
portes.

Là, Sadoc, Éliézer, suivis de leurs parens,
de leurs amis, les attendaient depuis plusieurs
heures. Là, une troupe choisie de jeunes filles
de Silo, vêtues de robes traînantes, portant à
la main des bouquets de lis, vient au-devant de
Rachel, l'entoure, la couronne de fleurs, et la
conduit, comme en triomphe, au pontife qui
s'avançait. Rachel se jette à genoux ; Sadoc la
relève, l'embrasse, lui présente Éliézer, palpitant d'amour et de joie. La modeste Rachel
garde le silence. Son époux, plein de son bonheur, ivre du plaisir de la voir, n'en cherche
pas moins son frère. Il l'appelle, lui tend les

bras, quitte Rachel pour voler à lui; et, le ramenant près de son épouse, il joint, il presse leurs mains, qu'il réunit sur son cœur. Ainsi marche Éliézer au milieu de tout ce qu'il aime. Le pontife suit avec Abdias. Les jeunes filles sont devant eux; et les habitans de Silo, rassemblés sur leur passage, célèbrent cette douce union par mille cris lancés vers le ciel.

Arrivés à la maison du grand-prêtre, Sadoc annonce que le lendemain un sacrifice d'actions de grâces sanctifiera l'hymen de son fils. Le peuple se sépare alors, et laisse en liberté les époux.

Sadoc s'empresse d'offrir à ses hôtes les fruits, les rafraîchissemens qu'il a préparés pour eux. Il s'occupe surtout d'Abdias, lui propose de finir ses jours avec sa fille chérie, de venir habiter Silo : Réunissons-nous, lui dit-il; la vieillesse a besoin d'amis. Il n'en est plus pour notre âge que dans le sein de sa famille. Le nom de père, qui rend indulgent, attire la même indulgence. Avec ce nom, si doux à porter, on vieillit impunément. Les tendres soins qui pourraient échapper à votre Rachel vous seront rendus par Éliézer; ceux qu'Éliézer pourrait oublier, je les recevrai de Rachel. Nos cœurs confondront nos enfans : nous aurons doublé tous deux nos richesses. Abdias promet de ne plus le quitter;

Rachel lui rend grâce de cette promesse. Elle reçoit avec reconnaissance les empressemens attentifs de l'amoureux Éliézer ; et Nephthali, cachant ses douleurs, composant avec soin son visage, sourit à Rachel, à son frère, et les félicite tous deux.

Ainsi se passe le reste du soir. Lorsque les lampes sont près de s'éteindre, Sadoc ordonne à ses fils d'aller attendre le jour dans la maison d'un de leurs parens. Tous deux s'en vont chez Phanuel se livrer au sommeil ensemble. Mais le sommeil, pendant cette nuit, n'approche point de leurs paupières. Éliézer, qui démêlait la tristesse de Nephthali, ne l'attribue qu'à son amour pour l'Israélite qu'il cherche. Il croit soulager ses chagrins en lui parlant de cette inconnue, en lui répétant que bientôt il veut la chercher avec lui. Nephthali tente vainement d'éloigner ces tristes idées, de n'entretenir l'époux de Rachel que du bonheur dont il va jouir ; Éliézer revient toujours au sentiment qui occupe son frère, Éliézer ne peut être heureux tant que son frère ne le sera point : il cherche à calmer sa blessure, il ne fait que la déchirer.

Enfin l'aurore brillante vient enflammer l'orient. Le nouvel époux se prépare et choisit ses plus beaux habits. Nephthali se plaît à l'en revêtir. C'est Nephthali qui dispose les longues

tresses de sa chevelure, qui les relève avec grâce
sous sa tiare éblouissante, et vient couvrir ses
épaules d'un long manteau hyacinthe, qui jadis,
dans les jeux guerriers d'Israël, devint le prix
de l'adresse et du courage de Nephthali. Beau
de sa jeunesse et de son bonheur, Éliézer est,
encore embelli par les soins, par les dons de
son frère. Tous deux retournent auprès de Sadoc. Ils trouvent les lévites en habits de fête,
les jeunes filles, le peuple assemblé, attendant
à la porte la nouvelle épouse. Elle paraît à leurs
yeux, vêtue d'une tunique blanche, le front
couvert d'un voile brodé. Craintive, troublée,
presque chancelante, elle marche auprès de son
père, et refuse de s'appuyer sur le bras de
Nephthali. Éliézer, transporté de joie, vole à
la tête des lévites, arrive le premier au tabernacle, s'empresse, amène les victimes, les présente lui-même à Sadoc. Douze béliers sont immolés. Le peuple s'unit aux vœux du pontife;
le peuple demande avec lui que la nouvelle Rachel, aussi belle que la première, soit féconde
comme Lia; que les deux époux vieillissent
ensemble comme Sara et Abraham. Le même
cortége les reconduit, les promène par toute la
ville en chantant des hymnes antiques, en jon-
chant le chemin de fleurs.

Après cette cérémonie, Sadoc fait signer aux

époux l'engagement qu'ils ont contracté. La main d'Éliézer tremblait de joie, celle de Rachel tremblait davantage. Nephthali s'était éloigné; son frère le cherchait déjà. Il le retrouve, le ramène assister au festin des noces, le place auprès de son épouse, et tandis que le vieux Sadoc fait les honneurs de ce repas à sa famille rassemblée, l'heureux, l'aimable Éliézer ne parle à Rachel et à Nephthali que de son désir, que de son espoir de vivre toujours entre deux objets également chers à son âme, de voir son frère et son épouse s'aimer entre eux comme il sait les aimer.

Hélas! Rachel et Nephthali rougissaient en le promettant. Tous deux tremblaient d'être coupables en sentant ce qu'ils exprimaient. Mais Nephthali compte sur sa vertu, que l'amitié fortifie; Rachel, qui n'a pas ce double soutien, s'alarme et veut fuir le danger. Elle médite un projet hardi, qu'elle exécutera sur l'heure; et, profitant d'un moment de tumulte, à la sortie du festin, elle demande un entretien secret au malheureux Nephthali.

Ils marchent, sans se regarder, vers le figuier solitaire planté sur le bord du torrent. Rachel s'assied contre le vieux tronc, fait asseoir Nephthali près d'elle, et d'une voix qu'elle raffermit :

Les momens sont chers, dit-elle, ne les perdons pas à dissimuler. Ne nous cachons point
nos combats, mais assurons-nous la victoire. Je
vous aime, et vous m'adorez. Je me hâte d'en
faire l'aveu : votre vertu ne m'a laissé que ce
moyen d'être aussi vertueuse que vous.

J'ignore ce qui s'est passé depuis le fatal moment où je parus aux yeux d'Éliézer ; je veux
l'ignorer toujours. Ce que je sais, ce dont je
suis sûre, c'est que vous sacrifiez à votre amour
pour votre frère l'amour que vous avez pour
moi. Ce sacrifice est noble et grand ; mais la
cause de vos douleurs en devient à la fois le prix.
Vous immolez l'amour à l'amitié, l'amitié du
moins vous reste. Ah ! je sens qu'on n'est point à
plaindre lorsqu'à la gloire de faire son devoir
on peut joindre la consolation que nous donne
un sentiment tendre.

Nephthali, je n'ai point de frère. Je suis l'é-
pouse d'Éliézer, et c'est vous que j'aurais choisi ;
c'est à vous que je dois la vie. Pensez-vous que
votre bienfait, l'admiration que m'inspire votre douloureux sacrifice, le spectacle continuel
de vos combats, de vos triomphes, n'augmen-
teront pas chaque jour le sentiment que je dois
éteindre ? Vainement vous serez vainqueur, vos
victoires m'affaibliront. Plus je vous verrai malheureux, plus vous me paraîtrez aimable. Je

me défendrai contre mes tourmens, je ne sou-
tiendrai pas les vôtres : c'est à vous de me secourir. Fuyez, fuyez loin de ces lieux. Si votre
vertu n'en a pas besoin, que ce soit du moins
pour la mienne, que ce soit pour le bonheur de
votre frère, dont, près de vous, je vous déclare
que je ne puis m'occuper. Cherchez, inventez
un prétexte, mais éloignez-vous de Rachel.
Revenez, s'il se peut, guéri, ou bien ne revenez
jamais.

Elle dit, et veut retourner à la maison du
pontife. Nephthali, pour la retenir, fait un
mouvement et saisit sa main. Mais à peine l'a-
t-il touchée, qu'il retire la sienne avec effroi,
se recueille, cherche à rappeler ses forces qui
l'abandonnent, et, sans lever les yeux sur Rachel, prononce ces tristes paroles :

Ma sœur, ma sœur, ne craignez rien, je ne
répondrai qu'à vos derniers mots. Je vous en-
gage ma foi de partir dès cette nuit même. Je
ne vous reverrai jamais..... jamais je ne reverrai mon frère..... Ah! pardonnez à mes
pleurs, j'ai le droit d'en verser pour lui.

Je sens que j'aurais dû vous fuir sans vous
avoir répondu ; mais votre repos, celui de mon
frère, me commandent de vous instruire qu'É-
liézer, jusqu'à ce jour, n'a pas seulement soup-
çonné que j'avais pu vous voir avant lui. Il

l'ignore, et je l'ignorais, que Rachel était cette
Israélite..... Il suffit, ma sœur, que cette entrevue demeure un secret éternel entre mon
cœur et votre vertu ; qu'Éliézer ne pénètre
point ce que fit pour lui l'amitié, il ne pourrait
plus être heureux, je perdrais le fruit de mon
sacrifice.

Il me reste encore à remplir un devoir que
votre gloire m'impose. Je veux, je vais remettre en vos mains le seul bien que je possédais,
le seul gage qui me soit resté d'un amour désormais coupable. Reprenez ce voile si cher que
vous laissâtes tomber à mes pieds, ce voile qui,
depuis ce jour, reposa sur mon triste cœur. Le
voilà, Rachel..... Retournons, je tremble que
cet entretien ne cesse d'être innocent. Qu'il soit
du moins utile à mon frère : demain, quand
cet infortuné, donnant des larmes à mon départ,
n'aura plus que vous pour le consoler, dites-lui,
ma sœur, dites-lui : Nephthali m'a confié ses
peines : il ne peut vivre sans cette inconnue,
qui règne avec vous sur son âme ; il est allé
mourir en la regrettant. Ma sœur, vous pour-
rez le jurer.

A ces mots, d'une main tremblante, Nephthali présente le voile. Rachel le prend sans
répondre, et le jette sur son visage.

Ils retournèrent ensemble vers la maison ;

Sadoc venait au-devant d'eux. Il embrasse sa
fille Rachel, il se plaint de sa longue absence,
et la conduit vers sa famille, qui la redemande
à grands cris. Nephthali la quitte, s'éloigne,
s'occupe de l'éviter, et cherche des yeux Éliézer.

Mais Éliézer s'était aperçu que son épouse et
son frère avaient quitté la salle du festin. Cédant au besoin qu'éprouvait son cœur de se
trouver toujours avec eux, il les avait suivis de
loin; et, les voyant assis ensemble, il avait pris
un long circuit, pour les rejoindre sans être
aperçu. Ce n'était ni par méfiance, ni même
par curiosité. Éliézer n'avait pas l'idée de surprendre les secrets d'un frère; il savait que ce
frère si cher n'avait pas de secrets pour lui.
L'heureux, le tendre Éliézer, sans projet, sans
réflexion, se livrait à ce sentiment doux, à
cette candeur confiante, aimable compagne de
l'amitié, qui ne craint jamais d'offenser parce
qu'elle ne peut être offensée, et se permet fa-
cilement tout ce qu'elle pardonnerait.

Comme il s'approchait derrière le feuillage,
il voit Nephthali donner à Rachel le voile qu'il
portait dans son sein, et qu'Éliézer connaissait
pour être celui de l'Israélite; il entend les derniers mots prononcés par Nephthali. Ces mots,
ce voile lui découvrent tout. Éliézer apprend
à la fois et les tourmens et la vertu de son frère,

et le malheur de Rachel. Il demeure morne,
immobile, la tête penchée sur sa poitrine, les
bras étendus vers la terre, appuyé contre le
figuier. Il ne voit, il n'entend plus rien. Ses
yeux sont couverts de ténèbres. Son âme a
perdu l'existence par la force de la douleur.
Semblable à l'homme frappé de la foudre, il a
vu l'éclair et senti la mort.

Pendant ce temps, Rachel et son frère avaient
regagné la maison de Sadoc. Lorsque Éliézer
revient à lui, ses regards les cherchent en vain.
Il éprouve une horrible joie de se voir libre et
solitaire. Il se traîne au bord du torrent, considère son onde écumante, en mesure la pro-
fondeur, et, tout-à-coup, s'abandonnant à son
affreux désespoir :

Dieu de bonté, s'écria-t-il, je n'implore que
ta justice. Si j'étais seul à souffrir, mon respect
pour tes saints décrets me ferait supporter mes
maux. Mais mon épouse, mais mon frère ne
sont malheureux que par moi. Ils le seront
chaque jour davantage ; ils le seront tant que
je verrai la lumière. Il n'est plus en mon pouvoir de refuser leur sacrifice ; il ne m'est pas
permis de l'accepter ; il m'est défendu d'en gé-
mir avec eux. Tout ce qui console la vie, l'a-
mour, l'amitié, la vertu, se réunit et se divise
pour multiplier mes tourmens. O Dieu puis-

sant! sois mon juge : mon frère veut mourir pour moi, sa mort me rendra plus à plaindre; la mienne lui donne la paix.

Éliézer, à ces mots, va s'élancer au milieu du gouffre. Mais, dans ce moment, ses yeux égarés se portent sur sa maison, sur cette maison qu'habite son père, où le bon vieillard l'éleva, où il entend les chants de joie, les vœux qu'on fait au ciel pour lui. A cet aspect il s'arrête, saisit d'une main le figuier sauvage, s'assure un appui contre lui-même, et, contemplant ce siége de gazon où tant de fois, depuis son enfance, il s'est assis avec Nephthali, où tant de fois ils se sont juré de vivre, de mourir ensemble, Éliézer sent succéder à ses transports une tristesse plus calme. Éliézer n'avait pas pleuré, les larmes coulent de ses yeux; et ces larmes, qui le soulagent, lui rendent ses facultés, sa raison, sa douceur naturelle : Non, nou, dit-il en sanglotant, non, je ne puis mourir ici. Je ne profanerai point par un trépas volontaire l'asile de la nature, la retraite de l'amitié. Ce lieu où m'embrassa mon père, où mon frère m'a tant aimé, c'est un lieu saint, un lieu redoutable. La douleur la plus légitime n'a pas le droit d'en troubler la paix. Fuyons, fuyons, allons chercher, pour me livrer au désespoir, une terre qui ne soit pas celle du bonheur et de la tendresse.

Éliézer, d'un pas rapide, remonte alors la rive du torrent. Il trouve des quartiers de roc qui rendent aisé le passage, gagne l'autre bord, gravit la montagne, et s'enfonce dans le désert.

Cependant Nephthali, surpris, cherchait et demandait son frère. Rachel, Sadoc, Abdias, voyant les heures s'écouler, croyaient Éliézer au tabernacle, occupé de prier le Seigneur. Le jour a fait place à la nuit; et Nephthali, sombre, inquiet, est revenu du tabernacle. Il retourne parcourir le champ, s'arrête au figuier sauvage, appelle à haute voix Éliézer : il n'entend que le bruit de l'onde qui roule en se précipitant. Plus alarmé qu'il ne veut le paraître, il interroge son père, sa famille, ses amis, presse ses questions avec impatience, n'attend pas qu'on lui réponde. Il s'agite, il court, revient, découvre enfin qu'on a vu son frère s'avancer au bord du torrent. Aussitôt l'ardent Nephthali, qui oublie à la fois Rachel, et son amour et ses projets, prend une longue branche de pin, l'allume au milieu du foyer, et, s'éclairant avec sa flamme, il s'élance, il vole aux deux rives.

Les jeunes lévites, amis, compagnons du

malheureux Éliézer, imitent à l'instant son frère. Tous, portant des bois allumés, suivent de loin Nephthali, se précipitent dans les sentiers, gravissant les roches désertes. Ils se répandent dans les montagnes; ils se dispersent en jetant des cris. Sadoc, Abdias, Rachel, demeurés sur l'autre bord, écoutent ces cris douloureux : et les échos qui les répètent, la profonde horreur des ténèbres, le spectacle de ces feux errans promenés dans l'obscurité, tout augmente le saisissement, la terreur qui glace leurs âmes..

La nuit se passe dans ces tristes soins, Éliézer n'est point retrouvé. Long-temps après le lever du jour, Nephthali, les cheveux épars, couvert d'une pâleur mortelle, les pieds déchirés et sanglans, revient auprès de Sadoc. Il serre sa main, sans prononcer une parole, il ne regarde pas Rachel. Debout, immobile, muet, il présente à ses compagnons la nourriture qu'on vient lui offrir, rafraîchit seulement ses lèvres, s'enveloppe d'une peau de loup, prend son arc, ses flèches terribles, et veut repartir à l'instant.

Mais on voit paraître un vieux pâtre portant dans ses mains quelques vêtemens souillés de sable et de limon. Nephthali jette un cri d'effroi ; le vieux pâtre s'adresse à Sadoc : Reconnaissez-vous, lui dit-il, l'habit que portait votre fils ? En disant ces mots, il pose à ses pieds la tiare d'Éliézer et le manteau hyacinthe dont son frère l'avait revêtu. Sadoc, en les apercevant, tombe dans les bras d'Abdias. Nephthali se jette sur le manteau, y attache ses lèvres pâles, s'écrie : O mon frère ! ô mon frère ! et perd la voix et le sentiment. Bientôt, revenant à lui-même, il brise son arc, son carquois, déchire en lambeaux sa tunique, et se rapprochant du vieux pâtre : Réponds, dit-il d'un accent farouche ; dans quels lieux, dans quels momens as-tu trouvé ces dépouilles ? Ce matin, à l'aube du jour, reprend le vieillard effrayé, auprès de cette roche nue, d'où l'on voit tomber les eaux du torrent ; la tiare était sur le bord, le manteau plus loin au milieu des ondes.

Nephthali regarde le pâtre, et lui fait signe de se retirer. Les jeunes lévites s'empressent autour du sombre Nephthali ; mais Nephthali les repousse, il demande qu'on le laisse seul. Les lévites, en gémissant, s'éloignent, s'en vont dans Silo répandre la triste, l'affreuse nouvelle de la mort d'Éliézer. Le peuple entier, qui l'aimait, jetté au ciel des cris de douleur, se couvre la tête de cendre, se condamne à dix jours de deuil. Tout Israël pleure le fils du bienfaiteur d'Israël. Hélas ! le malheureux Sadoc, que Rachel rendait à la vie, entend ces accens lamentables. Il tombe à genoux, élève ses bras, et s'écrie d'une faible voix : Éliézer ! Éliézer ! ô mon cher Éliézer ! A ce nom, Nephthali accourt, se précipite dans le sein du vieillard, veut parler, ses sanglots l'oppressent ; il ne peut, après de longs efforts, que répéter avec son père : Éliézer ! Éliézer ! ô mon cher Éliézer !

FIN DU TROISIÈME CHANT.

CHANT QUATRIÈME.

—

Soixante et dix jours s'étaient écoulés. Sadoc, aux portes du tombeau, avait long-temps espéré la mort ; mais la tendresse de Nephthali, les soins attentifs de Rachel avaient renoué la trame de sa languissante vie. Abdias ne le quittait point, et lui parlait d'Eliézer, que tous deux appelaient leur fils. Ce nom commun leur faisait trouver des charmes à pleurer ensemble. La triste Rachel, en habits de deuil, la tête couverte d'un voile funèbre, partageait entre eux ses consolations. Nephthali, devenu farouche, ou craignant peut-être, sans se l'avouer, de se trouver auprès de Rachel, Nephthali passait les longues journées, seul, assis au pied du figuier. Là, ses mains avaient élevé un humble tombeau de gazon. Là, sous une pierre polie, il a renfermé les dépouilles qui lui restaient de son frère. Ce vain tombeau trompe sa douleur. Nephthali s'y rend dès l'aurore : il lui semble qu'il y souffre moins, il s'y croit plus près de celui qu'il pleure.

Cependant le vieillard Sadoc, observateur re-

ligieux des préceptes de Moïse, voyant finir le
deuil de Rachel, fait appeler Nephthali. Mon
fils, lui dit-il en présence d'Abdias et de sa fille,
tu connais la loi des Hébreux. Elle t'ordonne de
prendre pour femme la veuve que laissa ton
frère. Le nom chéri d'Éliézer ne doit pas périr
en Israël; c'est à tes enfans à le faire revivre.

A ces paroles, Nephthali se reproche la joie
qu'il éprouve. Son front se colore, et ses yeux
se baissent; son cœur à la fois palpite et gémit.
Le bonheur dont il va jouir lui semble offenser
sa piété.

O mon père, répond-il, dès long-temps j'a-
dore Rachel. En obéissant à la loi, je satisferai
mon vœu le plus cher. Mais, Éliézer n'est plus,
comment oserais-je être heureux? Rachel, pardonnez ce langage; pardonnez-moi tous de vous
demander qu'aussitôt après cet hymen la retraite
la plus profonde nourrisse, augmente, s'il est
possible, mon éternelle douleur.

Mon cher fils, interrompit Sadoc, j'ai pré-
venu tes désirs. Je viens d'annoncer aux anciens
du peuple que je remettais dans leurs mains et
l'encensoir et l'éphod. Mes bras tremblans ne
peuvent plus immoler les victimes saintes; mon
esprit, affaibli par l'âge, n'est plus capable de
célébrer les louanges de l'Éternel. Si mon Éliézer
vivait, j'aurais encore toutes mes forces. Les

anciens voulaient te choisir ; j'ai refusé pour toi
cet honneur. J'avais déjà lu dans ton âme le
besoin de la solitude. Oui, Nephthali, renfer-
mons-nous, cachons-nous à tout l'univers. Les
malheureux ne sont bien qu'ensemble. Abdias,
ton épouse et moi, nous saurons t'aimer et pleurer.

Il saisit alors la main de Rachel, l'unit à celle
de son fils, en déclarant, selon la loi, que les
fruits de leur hyménée auront les droits et le nom
des enfans d'Éliézer. Il demande au Dieu de
Jacob de bénir le nouveau lien qui le rend deux
fois père de Rachel. Les époux, en l'écoutant,
osent à peine jeter l'un sur l'autre un seul regard mêlé de douleur, de piété, de timide amour.

Depuis cet instant, Nephthali, Rachel, Sadoc et le vieux Abdias, devenus étrangers au
monde, se croyant seuls sur la terre, et n'ayant
besoin que de souvenirs, ne vivent plus que
pour l'amitié, la tendresse, le travail. Abdias,
du prix des troupeaux et de la maison qu'il
avait à Luza, augmenta le champ de Sadoc, y
planta des vignes et des oliviers. Ce champ
nourrissait la famille ; il laissait encore dans
leurs mains de quoi soulager quelques indigens. Les pauvres étaient les seuls hommes
qu'ils n'eussent pas oubliés. Nephthali, levé dès
l'aurore, allait ouvrir le sein de la terre, y se-

mait l'orge et le froment ; ou bien il émondait
la vigne, plaçait des appuis sous ses jeunes ceps,
ou cultivait ses oliviers. Quand le soleil, au haut
de son cours, enflammait partout l'horizon,
Nephthali, couvert de sueur, regagnait son
paisible asile. Rachel venait au-devant de lui ;
et le seul aspect de Rachel délassait son heureux
époux. Il marchait près d'elle en tenant sa main
jusqu'à la table où les vieillards assis se levaient
pour venir l'embrasser. La diligente épouse ap-
portait l'unique mets qu'elle avait préparé. Ils
prenaient ensemble un frugal repas, qui se prolongeait souvent par le seul plaisir de le prendre
ensemble. Tous ensuite s'en allaient au champ
partager les travaux champêtres, et quand le
soleil se cachait dans les nuages de l'occident,
Rachel se rendait avec son époux auprès du
tombeau de son frère. Tous deux se mettaient
à genoux, appuyaient leurs visages contre la
pierre, y méditaient en silence ; ou, s'ils y par-
laient quelquefois, c'était toujours d'Éliézer ;
c'était pour se rappeler ou ses actions ou ses
paroles : jamais aucun autre entretien ne pro-
fana ce lieu de douleur ; jamais Rachel et Nephthali n'osèrent s'y donner le nom d'époux.

Ainsi s'écoulaient les jours et les mois. Douze
lunes se renouvelèrent, Rachel était mère d'un
fils. Il eut le nom d'Éliézer. Ce nom semblait

augmenter l'amour de ses parens pour lui. Jamais il ne fut de plus bel enfant; jamais la grâce et l'intelligence ne s'annoncèrent aussi vite que dans le jeune Éliézer. A peine âgé de quatre ans, il comprénait, il retenait tout ce que lui disait Sadoc. Ce bon vieillard ne pouvait le quitter. Il l'arrachait des bras de Rachel pour le porter dans ses faibles bras; il le conduisait dans le champ, l'élevait par-dessus sa tête, afin qu'il cueillît de ses jeunes mains les fruits dont l'éclat l'attirait; il inventait pour lui les plaisirs, et les partageait sans ennui. Ce vénérable pontife, dont la barbe blanche couvrait la poitrine, jouait souvent sur le gazon avec l'enfant de Nephthali : le vieux Abdias se mêlait aux jeux ; et Rachel, qui les contemplait en filant l'habit de son père, laissait échapper son fuseau pour essuyer les larmes de joie qui se mêlaient à son doux sourire.

Bientôt l'enfant, devenu plus fort, demande à Sadoc des soins plus sérieux. Sadoc veut être seul chargé de l'élever et de l'instruire. Il lui apprend à lire la loi sainte, il grave dans son jeune cœur les préceptes de l'Éternel. Éliézer sait déjà les commandemens donnés à Moïse. Il répète les grandes merveilles que manifesta le Seigneur pour tirer son peuple d'Égypte. Il charme Sadoc et sa mère par sa mémoire, par son esprit; et quand Nephthali revient du travail, le jeune Éliézer, assis sur les genoux de son maître, de son aïeul, de son ami, raconte à son père étonné comment Joseph, vendu par ses frères, les nourrit et leur pardonna. Le vieillard écoute l'enfant, en prononçant à voix basse chaque mot qu'il a prononcé. Il croit apprendre de lui cette belle et touchante histoire; il s'attendrit pour le vieux Jacob lorsqu'on lui ravit Benjamin; alors il serre Éliézer plus près contre sa poitrine; et Nephthali, regardant Rachel, ne peut retenir ses pleurs toutes les fois que l'enfant répète le nom de frère.

Neuf ans se sont déjà passés. Éliézer sort quelquefois seul. Il possède un arc et des flèches. Vif, adroit comme son père, il poursuit, le long du torrent, le héron et l'aigle marin. Bientôt il traverse les eaux, gravit au sommet des montagnes, et va chercher les jeunes faons. Rachel et Sadoc murmurent de ces courses solitaires; Nephthali, plus indulgent, sourit au jeune Éliézer. Il se plaît à voir son courage précéder de si loin sa force; et l'enfant, qui s'en aperçoit, se livre à son goût pour la chasse.

Ce goût augmente en peu de temps. Chaque jour, après avoir partagé le repas commun, Éliézer s'armait de son arc; et, s'échappant avec vitesse, disparaissait jusques au soir. Il revenait à la nuit, rapportant toujours des ramiers ou des dattes fraîchement cueillies. Les fruits étaient pour Rachel, les oiseaux étaient pour Sadoc. La mère et l'aïeul étonnés ne comprenaient qu'avec peine comment leur fils, si faible encore, pouvait atteindre au sommet des palmiers. Ils lui reprochaient de trop s'exposer, surtout de trop s'éloigner d'eux. Mais Éliézer avait l'art de rassurer leur tendresse, de bannir leurs inquiétudes, et savait en les caressant se conserver sa liberté.

Un jour l'enfant, contre sa coutume, était sorti dès l'aurore, et l'heure du sacrifice du soir s'écoula sans qu'il fût revenu. Rachel, versant déjà des larmes, avait envoyé Nephthali le chercher autour du torrent. Elle-même, parcourant ses bords, s'était assise au pied du figuier, quand tout-à-coup elle l'aperçoit. La pâleur couvrait son visage, ses yeux étaient baignés de pleurs. Qu'as-tu, mon fils? s'écria Rachel; hâte-toi d'instruire ta mère. Hélas! lui répondit l'enfant, mon chagrin trahit un secret que j'avais juré de ne jamais dire. C'est à vous seule que je le confie. Vous le garderez, ô ma mère, vous le garderez, j'en suis sûr, et vous secourrez mon ami.

A ces mots, Rachel, plus surprise, promet à son fils tout ce qu'il demande, essuie doucement ses larmes, l'écoute en le caressant.

Vous allez apprendre, dit Éliézer, pourquoi si souvent je vous quitte. Quand vous m'aurez entendu, vous me pardonnerez bientôt.

C'était dans la lune dernière que j'osai hasarder un jour de traverser le torrent. Je descendais la rive opposée, quand je découvris, assis sous un roc, un pauvre couvert de lambeaux. Ses cheveux tombaient sur son front, sa barbe descendait sur son sein, qu'il avait à demi nu. Son visage était livide, il semblait malade et souffrant. Il ne m'effraya pourtant point ; au contraire, il m'intéressa. J'avais avec moi quelques fruits emportés de votre table, j'allai les lui présenter. Il me regarda fixement : Mon fils, dit-il, je n'ai pas besoin de ce que m'offre votre bienfaisance, mais j'ai besoin de connaître un bienfaiteur tel que vous. Quel est votre nom, mon fils ? quels sont les heureux parens à qui le Seigneur a donné des enfans le plus charitable ? Je suis Éliézer, lui répondis-je ; le vénérable Sadoc, l'ancien pontife d'Israël, est mon aïeul ; ma mère a nom Rachel, mon père Nephthali. En respectant, en aimant les pauvres, j'obéis à leurs préceptes.

A peine avais-je dit ces mots, que cet homme, s'avançant vers moi, me prend dans ses bras, m'enlève et me tient long-temps contre sa poi-

trine. Il ne disait rien, mais il soupirait; et je
sentais ses larmes couler sur mes joues. Ne
vous étonnez pas, reprit-il, de l'amitié que je
vous témoigne. Je dois la vie à Sadoc; je n'ai
pu voir son petit-fils sans éprouver ce transport dont vous ne vous offensez pas. Alors il se
mit à sourire; et je vis bien que son visage n'y
était pas accoutumé. Je pris sa main : Suivez-
moi, lui dis-je, je vais vous conduire auprès
de Sadoc; il me caresse toujours davantage
quand je lui amène des pauvres. Non, ajouta-
t-il en baissant les yeux, je suis exilé de Silo
pour un crime involontaire. Je serais perdu si
j'y paraissais. Voyez, mon enfant, quelle est
ma confiance : vous avez ma vie en vos mains.
S'il vous échappe de révéler à quelqu'un que je
suis caché dans cette montagne, que vous m'y
avez rencontré, l'on viendra m'arracher d'ici
pour me livrer à d'affreux tourmens.

Ces paroles me firent trembler. Je lui promis
de garder son secret et de revenir le voir. J'y
retournai dès le lendemain; il m'attendait au
même endroit. Content de mon exactitude, et se
fiant à mes promesses, il me conduisit jusqu'à
sa retraite. Cette retraite n'est pas loin d'ici.
C'est une grotte peu vaste, cachée parmi des rochers, où je ne vis autre chose que quelques
branches de dattier. Les dattes étaient sa nour-

riture, les branches formaient son lit. Voilà ma maison, me dit-il ; je ne me flatte pas, mon fils, que rien puisse vous y rappeler. Vous me rendriez pourtant bien heureux si vous y veniez quelquefois. Ce matin, dès le point du jour, j'ai couru toute la montagne ; je suis parvenu, à force de soins, à m'emparer de deux ramiers vivans. Puisque vous aimez les oiseaux, je vais m'appliquer à les prendre ; le désir de vous complaire me tiendra lieu de force et d'adresse.

Alors il me donna deux ramiers dans une cage de joncs. Ce sont les premiers, ma mère, que je suis venu vous offrir. Tous les dons que je vous portais ne me venaient que de lui. Cet homme si bon, occupé de moi tout le temps qu'il ne me voyait pas, tendait des piéges aux colombes, allait chercher les fruits les plus beaux. Il venait ensuite m'attendre : je le trouvais assis à sa porte, avec ses présens à la main. La joie que me causaient ces présens passait aussitôt dans ses yeux. Il m'embrassait, me plaçait près de lui, quelquefois sur ses genoux ; et, lorsqu'il m'avait long-temps regardé, nous nous entretenions ensemble. Il me parlait de vous, ma mère, de mon père, de mon aïeul. Il s'intéressait à votre bonheur ; il me faisait répéter tout ce que vous aviez dit. J'aimais ces douces conversations, je me plaisais à visiter un si tendre,

un si bon ami ; je me disais : Puisque je suis le
seul au monde qui puisse le consoler, je suis
obligé de le voir souvent.

Aujourd'hui, dès le grand matin, j'ai retourné
près de lui, parce qu'hier il était malade. J'ai
pris en secret du lait dans un vase, dans l'espérance que ce lait lui ferait peut-être du bien.
Ah ! ma mère, depuis hier le mal est devenu
plus grave. Je l'ai retrouvé sur son lit. Il a pris
le lait que je lui portais, m'a serré la main, m'a
remercié ; mais j'ai vu qu'il faisait des efforts
pour me cacher ses souffrances. Je n'ai pas voulu
le quitter, et j'y serais encore, ma mère, s'il ne
m'était venu l'idée que vous pouvez le secourir.
Oh ! venez, venez avec moi, vous lui sauverez
peut-être la vie.

Ainsi parle Éliézer. Rachel l'embrasse avec
des sanglots : Aimable enfant, lui dit-elle, que
ton jeune cœur est sensible et bon ! que je suis
heureuse d'être ta mère ! Oui, mon fils ; je vais
te suivre ; ne perdons pas un instant.

Elle se lève, court à sa maison ; Nephthali
venait d'y rentrer, après avoir cherché son fils.
Rachel se hâte de lui redire tout ce qu'elle vient
d'apprendre. Elle fait pleurer son époux de joie
et d'attendrissement. Nephthali veut les accompagner à la grotte du solitaire. Il prend avec
lui de l'huile, du vin ; Rachel se munit d'autres

provisions ; et , conduits par Éliézer , ils s'avan-
cent vers la montagne.

Éliézer pressait leurs pas. A la porte de la caverne , l'enfant les prie de s'arrêter. Il entre seul ,
et dit au solitaire , couché sur son lit de douleur :
O mon ami , pardonnez-moi , j'ai révélé votre
secret , dans l'espoir de vous être utile. Ne vous
alarmez pas , mon ami , je vous amène mon père
et ma mère.

Que dis-tu , mon fils ? s'écrie le mourant en
se soulevant à moitié. Quoi ! Nephthali , quoi !
Rachel , je vous embrasserais encore ! ô Dieu de
bonté , donne-m'en la force...

A ces paroles , à cette voix , Nephthali jette
un cri terrible : il a reconnu ses accens. Il s'é-
lance dans la caverne , vole , tombe , embrasse
son frère... C'est lui , c'est Éliézer. Rachel revoit
son premier époux. Muette , immobile , inter-
dite , elle soutient Nephthali , dont la tête demeure penchée sur la poitrine de son frère ;
l'enfant surpris promène sur eux des regards
remplis de larmes ; et le mourant Éliézer , passant son bras autour de Nephthali , tend une de
ses mains à Rachel , et dit à l'enfant de ne pas
pleurer.

Lorsqu'une émotion aussi vive eut laissé quelque calme à leurs sens , tous trois se contem-
plent l'un l'autre sans pouvoir encore se parler.

Éliézer le premier raffermit sa voix presque éteinte, et s'appuyant sur son frère, il lui adresse ces mots :

« Nephthali, le temps me presse ; laisse-moi profiter du dernier instant où je peux encore t'appeler mon frère. Ne trouble pas la sainte joie que j'éprouve en te revoyant. Songe, ô mon unique ami, que ton Éliézer expire plus heureux qu'il n'a vécu.

Le jour même de mon hyménée, je te vis, auprès du figuier, rendant à Rachel le voile que tu portais dans ton sein. Ce seul mot me dit tout, mon frère ; je fis ce que tu aurais fait.

J'eus soin de laisser sur le bord des eaux mes vêtemens souillés de limon, pour que l'on ne doutât point de ma mort, pour que la loi te prescrivît de devenir l'époux de ma veuve. Je me répétais : Il pourra jouir de la moitié du bonheur ; et je me sentais la force de vivre.

Je partis sans tenir de route. Je m'éloignai de Chanaan, et gagnai la terre d'Émath. J'espérais oublier Rachel ; vain espoir ! je ne pouvais vivre sans Rachel et sans mon frère. Je me trouvais dans l'univers, solitaire, abandonné, comme la grappe oubliée sur le cep qu'on a vendangé. Après neuf ans de malheurs, et de malheurs inutiles, qui ne me donnaient ni la mort, ni cet oubli que je poursuivais, je revins malgré moi

vers Silo. Je m'arrêtai dans ces montagnes.
Là, je me cachais tout le jour; toutes les nuits,
j'allais errer autour de votre demeure. Je tremblais d'être aperçu, je brûlais de vous apercevoir.

Enfin, un soir, assis derrière un roc, vis-à-
vis le figuier sauvage, je vis, je reconnus mon
frère, conduisant par la main Rachel. J'eus
besoin d'embrasser le roc, pour ne pas m'élancer
vers vous. Vous vîntes vous mettre à genoux
auprès d'un tombeau de gazon, vos pleurs cou-
lèrent sur cette tombe, et j'entendis le nom d'É-
liézer prononcé parmi vos sanglots. Ah! mon
frère, ah! mon épouse, ce seul instant me paya
de neuf années de douleur. Ils m'aiment toujours! m'écriai-je; je n'osai plus me trouver malheureux.

Je résolus, dès ce moment, de fixer ici ma
demeure. Je cherchai, je trouvai cette grotte.
Les fruits des dattiers me nourrirent, l'onde du
torrent m'abreuva. Je vous voyais tous les soirs:
hélas! que me manquait-il? Je me reprochais
vos larmes, mais j'en jouissais en me les reprochant; j'aurais désiré vous voir consolés, mais
j'en aurais été plus à plaindre.

Le ciel m'envoya bientôt un bonheur encore
plus grand. Je rencontrai votre fils, je l'attirai
par mes dons, par mes tendres soins, par mon

amitié. O qu'il m'a fait passer de doux momens ! ô quel transport éprouvait mon âme, quand, le tenant sur mes genoux et le contemplant en si- lence, je me disais : Voilà l'enfant de Rachel et de Nephthali ! dans lui vivent réunis et mon épouse et mon frère ! Je le pressais sur mon sein, et je m'imaginais vous embrasser tous deux ; il me rendait mes caresses, et je me croyais dans vos bras.

Ce bonheur s'est écoulé comme les heures d'une matinée. Je vais mourir, ô mon frère ! bé- nissons l'arrêt du Seigneur. Il fallait bien payer de ma mort le plaisir de te voir encore : ce plai- sir n'est pas trop payé. Que ne puis-je aussi presser sur mon sein mon vertueux et bon père ! Vous lui direz..... Ah ! vous lui direz..... ou plutôt, cachez-lui ma mort. Ne rouvrez point sa blessure ; qu'il ne pleure pas de nouveau le fils qu'il a tant pleuré. Approche-toi, Nephthali ; approchez-vous aussi, Rachel ; et toi, mon cher Éliézer, mon enfant, mon fils, mon dernier ami, viens, viens me donner ta main. Joignez-y tous deux la vôtre ; que je les réunisse sur mon cœur. Hélas ! il ne palpite plus, cependant il vous aime encore... Adieu, j'expire, consolez-vous : soyez heureux sans m'oublier.

FIN.

TABLE DES MATIÈRES.

—

FIN DE LA TABLE.

www.ingramcontent.com/pod-product-compliance
Lightning Source LLC
Chambersburg PA
CBHW070415090426
42733CB00009B/1681